# 作者简介

**邢继柱** 男，汉族，1961年生于天津市军粮城人民公社刘台大队

**职称：**

西北工业大学兼职教授

北京大学公众考古与艺术中心客座研究员

**学习与工作经历：**

1968～1973年 天津市军粮城刘台小学

1973～1978年 天津市军粮城中学

1978～1982年 西北工业大学飞机设计专业（学士学位）

1982～1986年 沈阳飞机设计研究所（设计员）

1986～1989年 北京航空航天大学宇航制造工程专业（硕士学位）

1989～1992年 航空部中兴公司（工程师）

1992～ 组建瑞宝科技集团，专业从事计算机系统集成、行业应用软件开发及服务工作

2002～ 从事艺术品收藏

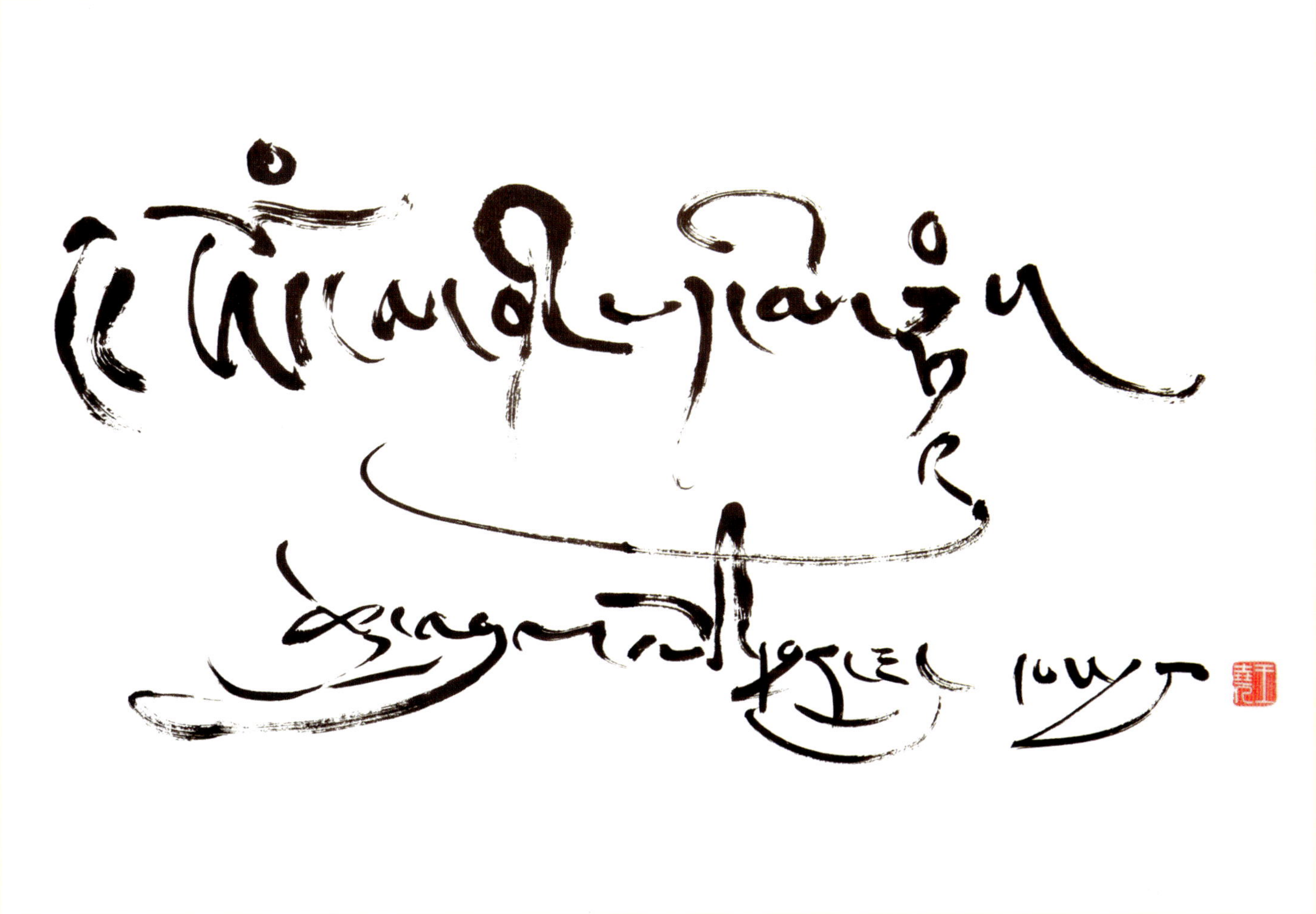

六字大明咒“唵嘛呢叭咪吽”（大慈大悲观世音菩萨心咒）水龙年夏　王尧

祝贺邢继柱先生《鸣鹤清赏》一书的出版　扎西德勒　耷·琼培仁波切

# 鳴鶴清賞

## 瑞宝阁藏金铜佛像

## An Appreciation of THE MINGHE CLUB

### The Rainbowloft Collection of Bronze Buddhist Figures

邢继柱　著

北京大学公众考古与艺术中心　北京大学赛克勒考古与艺术博物馆　编

文物出版社

封面题字：苏士澍
撰　　稿：李　璟
总体设计：宁成春
摄　　影：刘小放　王　伟
责任印制：陆　联
责任编辑：李　莉

**图书在版编目（CIP）数据**

鸣鹤清赏：瑞宝阁藏金铜佛像／邢继柱著．—北京：文物出版社，2012.9
ISBN 978-7-5010-3524-3
Ⅰ．①鸣…　Ⅱ．①邢…　Ⅲ．①喇嘛宗—金铜佛像—中国—图集　Ⅳ．①B946.6-64

中国版本图书馆CIP数据核字（2012）第195344号

书　　名　**鸣鹤清赏——瑞宝阁藏金铜佛像**
编　　著　邢继柱
出版发行　文物出版社
地　　址　北京市东直门内北小街2号楼
邮　　编　100007
网　　址　http://www.wenwu.com
电子邮箱　E-mail:web@wenwu.com
制　　版　北京文博利奥印刷有限公司
印　　刷　北京盛天行健印刷有限公司
经　　销　新华书店
开　　本　965×1270毫米　1/16
印　　张　26.25
版　　次　2012年9月第1版第1次印刷
书　　号　ISBN 978-7-5010-3524-3
定　　价　800.00元

# 目　录

## 西藏中部造像



## 明永乐、宣德宫廷造像



## 明永乐、宣德宫廷风格造像



## 清康熙宫廷风格造像

## 喀尔喀蒙古造像



## 清乾隆六品佛楼造像



## 清乾隆宫廷造像



## 清代内地造像

# CONTENTS

## Statues of Western Tibet



## Statues of Middle Tibet



## Statues of Royal Style from Yongle to Xuande Period, Ming Dynasty

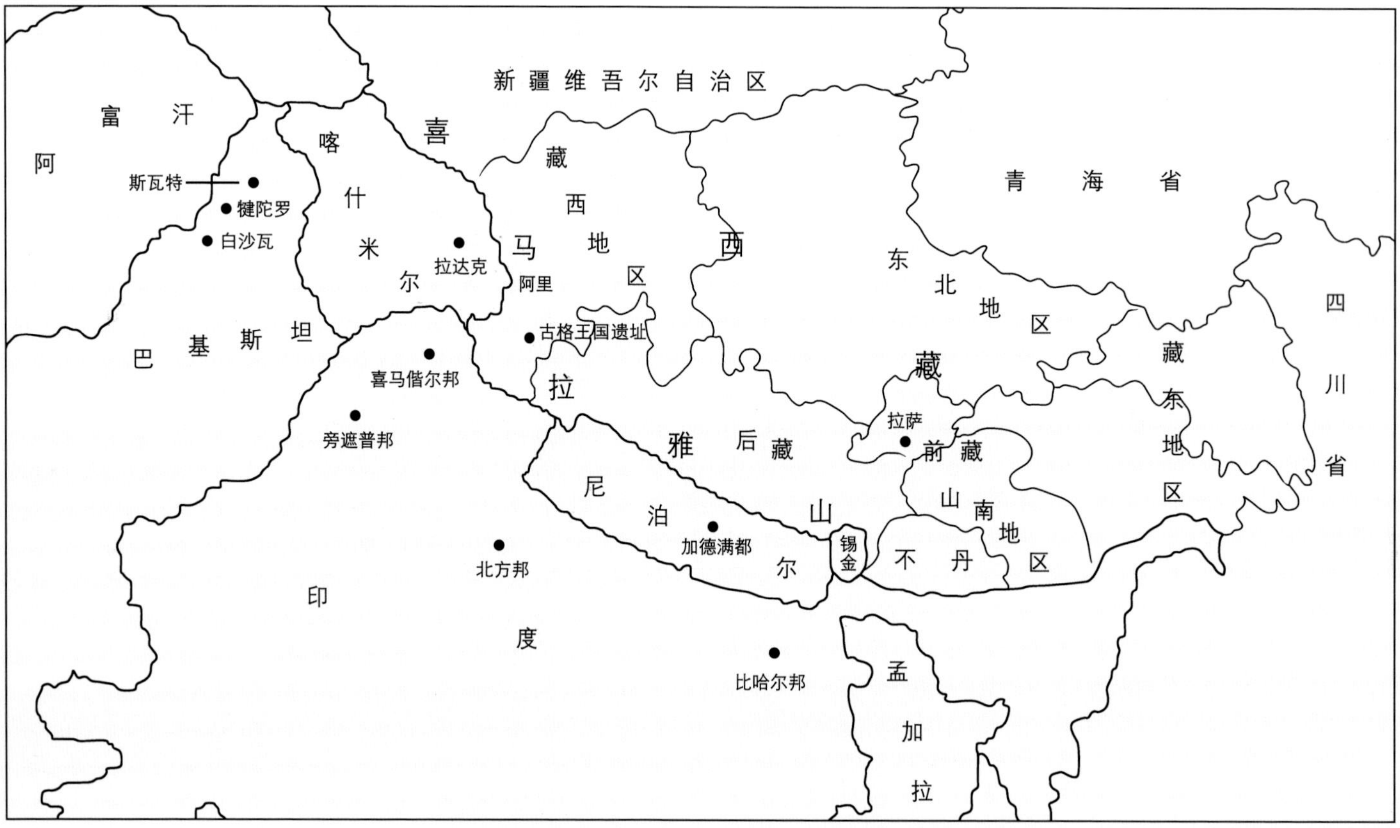


喜马拉雅山周边地区佛像分布示意图

# 吉金成瑞　宝相庄严

北京大学考古文博学院教授　杭 侃

金铜佛造像，尤其是小型的金铜佛造像，因其便于携带，易于供养，所以不论是在艺术的流布，还是在佛教的传播过程中均起到过重要的作用。《魏书·释老志》所记“太安初，有师子国胡沙门邪奢遗多、浮陀难提等五人，奉佛像三，到京都。皆云：备历西域诸国，见佛影迹及肉髻，外国诸王相承，咸遣工匠，摹写其容，莫能及难提所造者”。外国高僧游历四方所随身携带的佛像，最大的可能就是金铜佛造像；《法苑珠林》卷十四所记“宋元嘉中，江陵支江张僧定妹幼而奉法，志欲出家。常供养小形金像，以为前路之资也”。金铜佛造像在民众中的影响，由此可窥一斑。因此，对金铜佛像的研究，理应成为佛教历史、艺术研究中的重要组成部分。

除了国外传播过来的金铜佛造像，中国人自己制作金铜佛像的历史也很悠久。《三国志》中就记载笮融“大起浮图祠，以铜为人，黄金涂身”，就是早期中国人制作金铜佛造像的明证。这两方面的造像加起来，数量应该是相当庞大的，可惜流传至今的金铜佛造像已经为数不多，这其中只有少量是经过考古发掘出土的，大多数为传世品。所以要研究金铜佛造像，现收藏于全世界公私藏家的金铜佛造像就是必须重视的对象。

邢继柱先生收藏金铜佛造像多年，是佛教艺术品的重要藏家。他的收藏内容丰富，年代跨度从十六国时期到明清。特别是其所藏藏传佛教造像，在收藏界享有盛名。现在他把多年所藏之藏传金铜佛像即将结集出版，并嘱我写篇文字，我慨然允诺，原因有三：

其一，19世纪末至20世纪上半叶，许多金铜佛像珍品流失海外，引起不同国家学者的关注，并已经成为一个世界性的研究课题。尤其是藏传佛教造像，国外学者的研究成果引人注目。邢继柱先生常有感于此，希望能够提供自己的藏品给同道做研究对象，提高国内学者在藏传佛教艺术方面的研究水平。基于这样的认识，邢继柱先生和北京大学考古文博学院合作，对其藏品进行了全面的取样分析，由此加深了我们对金铜佛造像的合金成分和铸造工艺等方面的认识。这在当前的体制之下，国有博物馆是难以做到的，这也是令我最为感动的地方；

其二，面对如今的收藏热，是消极对待？还是积极引导？这是摆在考古文博专业工作者面前的一个现实问题。北京大学考古文博学院自2005年起成立了公众考古与艺术中心，开展了包括全国性中学生考古夏令营在内的一系列有广泛社会影响的公众考古活动，其间也尝试着开展了一些以培育公众正确的收藏理念，提高收藏水平的活动。邢继柱先生就是其中积极参与的一员。他深知学术研究和收藏之间的关系，并身体力行地对自己的藏品做了比较深入的研究。他的藏品精良，且多从世界各地搜集、拍买得来，流传有序。他对自己的藏品如数家珍，每有人前去观摩，他总是热情接待，并不厌其烦地说明、请教，欢喜之情溢于言表。他还特辟了图书资料室，其研究成果已在《收藏家》杂志上刊布。我想学术界需要这样的藏家，社会也需要这样的藏家；

其三，邢继柱先生是一位有大智慧的人。他将自己的藏品毫无保留地贡献给大家，就是做了一件有大智慧的事。有大智慧的人，方能行大智慧的事。

是为序。

2012年8月

# 前　言

邢继柱

成立于2006年的“鸣鹤雅集”，由北京大学赛克勒博物馆于2010年成功地举办了首届会员收藏品展览。今年9月22日将举办“吉金成瑞　宝相庄严——瑞宝阁藏金铜佛像”展览。此次专门展出本书收录的喜马拉雅艺术风格的金铜佛像155余尊。

国家繁荣，人民富裕，是收藏的基本保障。如今，越来越多的中国收藏家从国外请回佛像、唐卡及各种法器，相继加入到喜马拉雅艺术的收藏和研究领域之中，让更多的人感受佛教造像艺术的美妙与尊崇。古代的工匠们无不虔诚，发心造物，使这些传世的珍贵佛像具有当今任何艺术品都无法达到的精神境界。我们要用心去领会这些尊神带给我们的慈祥、安宁、智慧和力量，在精神得到升华之后与先人对话，我们会顿悟。

本书试图从佛像的艺术风格、文化背景、造型样式、材料成分及工艺特点，描述喜马拉雅艺术中的主流题材造像。目前，喜马拉雅艺术被国际收藏界认可，在世界各大博物馆中常年设有此项艺术展览。其艺术风格主要包括古代东北印度帕拉风格、尼泊尔风格、西北印度犍陀罗、斯瓦特、喀什米尔风格，以及西藏、蒙古和中原地区的藏传佛像艺术。

瑞宝阁以北京大学公众考古与艺术中心及赛克勒博物馆为平台，成立喜马拉雅艺术教研室，藏品供教学及科研之用。相信在不久的将来，我国对喜马拉雅艺术的研究在国际学术领域中拥有话语权。西藏是中国的，西藏是喜马拉雅艺术的载体，这种艺术在西藏得以容纳、吸收并传承。

《鸣鹤清赏——瑞宝阁藏金铜佛像》一书，已由北京大学公众考古与艺术中心纳入《鸣鹤清赏》系列丛书中，并由文物出版社出版。这是北京大学公众考古与艺术中心的领导和广大同行对我收藏的肯定与鼓励。我唯有努力工作学习，让这本书尽善尽美，以报答关心和帮助过我的人们。

在收藏过程中，我的妻子兰东宁给予我极大的行为理解，精神鼓励至全面参与断代及估价的过程。在此书的出版过程中，我的助手李璟先生为此书的撰写付出了三年的时间，他对每一件藏品进行了深入研究。北京大学陈建立副教授和袁凯铮博士后对所有佛像做了详细的金属成分测定，以及对其中一些高古佛和永宣佛像进行了微量元素分析，让我们认识到自公元4世纪至19世纪的1500年间的范围内，不同地域在不同时期的用铜特点。中国考古绘图红卫工作室董红卫先生为书中一些佛像绘制了精美的线图。文物出版社社长苏士澍先生亲题书名，责任编辑李莉老师及设计师宁成春老师尽心尽力。著名藏学家、中央民族大学王尧教授和宗教史研究者、藏文书法家旮·琼培仁波切活佛分别为本书题词。北京大学文博学院副院长杭侃教授作序，北京大学公众考古与艺术中心主任徐天进教授做后记，并对本书整体质量把关。首都博物馆研究员黄春和先生、中国艺术研究院美术研究所金申教授、首都师范大学藏传佛教艺术研究中心主任谢继胜教授、故宫博物院研究员罗文华先生、中国藏学研究中心历史所研究员熊文斌先生、北京翰海拍卖有限公司佛像法器部主管一西平措先生和中国嘉德国际拍卖有限公司佛像部主管钱行伟先生分别在此书的编辑过程中提出了许多宝贵意见。

此书的出版，希望对广大收藏爱好者提高艺术品鉴赏能力起到一定的作用。书中谬误难免，也希望广大读者批评指正，并建立相互学习的平台。

在此，我向所有在我八年收藏的过程中关心和帮助过我的老师和朋友表示衷心感谢！

2012年7月

# 瑞宝阁藏铜佛像的合金成分及制作工艺研究

陈建立　袁凯铮

铜佛造像作为佛教信仰的物质载体之一，是综合佛教艺术审美与高超金属加工技艺的优秀作品，是亚洲文化艺术遗产中极为精彩的部分。古代铜佛像艺术的成就，与铜佛像制作工匠对铜合金性能和锻铸工艺的熟练掌握，以及对佛教图像和度量比例的严格遵守是分不开的。

西方学者在铜佛像艺术和传统制作工艺的研究方面起步较早，已完成诸多细致的研究工作。但所研究的铜佛像多是西方公私机构的收藏品，真正对中国境内的铜佛造像开展系统研究工作的尚未出现。对铜佛像制作工艺的分析，大多是从与西藏相邻的印度、尼泊尔地区的技术状况来推断，或是来自对古代文献资料的翻译，研究中仍存在许多未曾涉及的领域。中国学者在铜佛像研究方面起步较晚，对铜佛像制作工艺专门研究的论著几乎没有，艺术史家对工艺虽有所涉及但大都不曾深入，而采用现代科学分析方法对铜佛像开展研究工作也未曾受到普遍的重视。

本研究以瑞宝阁收藏的300多件铜佛造像作为合金材质分析的样本，涵盖了中国、印度和尼泊尔等地不同时期的铜像。利用北京大学考古文博学院NITON XL3t XRF（能量色散型X荧光光谱）手持式合金分析仪对铜像的合金材质进行检测分析。旨在呈现古代铜佛造像的合金材质在不同地域、不同时期的特征。本文先期公布其中155件（套）铜佛像的成分分析结果。

## 一、铜佛造像的分组与无损检测结果

本文检测的这批铜像绝大多数为传世品，其分类首先仍然是基于通过艺术风格来判定地域和时代的传统分期方法，在此分类基础上对铜像的合金材质进行检测，从而在互相的印证中获得进一步认识。

因受到铜佛像尺寸大小限制，在每件铜像上的检测点数量并不相同。同时，成分数据也会受到表面鎏金层和锈层杂质的影响，合金元素成分数值往往存在一定的波动，我们通常选取居中检测值或平均值。但由于XL3t XRF分析仪具有便携无损的特点，可以对铜佛像的不同部位反复多次测量，能起到定性检测的作用，也能对铜像表面镶嵌装饰和修补所用金属材质获得判断。因此，它是目前探查铜像制作工艺的一种较为方便、有效的检测工具。

（一）印度铜像

公元8至12世纪，是印度佛教的密教时期。公元13世纪伊斯兰势力进入印度，导致印度和中亚地区的佛教被彻底毁灭。印巴次大陆密教造像的产地主要有东印度、喀什米尔、斯瓦特和尼泊尔几个地区，风格各异。

喀什米尔风格一组的8件铜像，时代为公元7～12世纪，皆为黄铜材质。其Cu含量处于70%～85%的变化范围，Zn含量处于10%～25%的变化范围，Zn含量均值约为17%，Sn含量普遍低于2%，Pb含量皆低于5%。

帕拉风格一组的11件铜像，其中8件被判定东北印度帕拉王朝时期（9～12世纪）的铜像，皆为黄铜材质，Cu含量处于70%～85%变化范围，Zn含量处于10%～25%的变化范围，Zn含量的均值约为20%，Sn含量皆低于0.5%，Pb含量低于4%。东印度帕拉地区铜像与喀什米尔地区铜像造像材质皆为黄铜，且合金成分比较接近。本组出自西藏西部的2件（金刚手菩萨，黄财神）铜像，成分特征与喀什米尔和东印度接近。

喀什米尔和东印度帕拉黄铜造像，一般表面没有鎏金，有时仅在面部漆金。造像整体铸造，完成后进行抛光处理。具有特色的是造像的眼睛、白毫和嘴唇采用嵌铜和嵌银的装饰工艺制作，在造像的衣裙上也常采用这种装饰工艺。

尼泊尔造像艺术是以加德满都山谷为中心，以纽瓦尔人为主要造像者发展起来的。从公元7世纪至今，密教一直占据着尼泊尔佛教主流。尼泊尔造像以鎏金铜造像为主，铜质一般为红铜。从公元10世纪初至13世纪，是尼泊尔造像艺术发展和艺术风格形成的时期，尼泊尔造像大量输入西藏，同时也有许多尼泊尔艺术家进入西藏和中原地区，从事铜佛像的制作。

自公元9世纪至18世纪，尼泊尔风格与西藏中部地区造像风格逐渐融合，即使被认为典型尼泊尔风格的造像，也难以确定其产自尼泊尔还是西藏地区。检测的尼泊尔风格一组的13件铜像，其年代从公元8世纪至17世纪，合金材质以红铜为主，其中11件Cu含量在90%以上，有的接近是纯铜，约一半铜像中含Zn，含量普遍在10%以下，为低锌黄铜。Sn、Pb元素含量普遍较低，但存在例外。红铜鎏金造像是尼泊尔风格，以及西藏中部—尼泊尔风格的典型特征，影响着藏传佛教造像的整体工艺面貌。

（二）西藏铜像

研究早期喜马拉雅地区铜像的一个主要难题，是尚未发现16世纪以前的带有纪年铭文的西藏金属造像①。由于铜像便于携带，有时候是由居住在西藏的尼泊尔或喀什米尔人制作而成，因此它们的年代及产地，仍然只能通过艺术风格来确定，一致无法确认准确年代为12世纪以前的西藏中部和南部的金属造像。喀什米尔、东印度和尼泊尔是西藏铜像艺术传统的来源，在不同时期，它们不同程度、持续不断地对西藏艺术产生了影响。在13世纪西藏铜佛像艺术也终于以种类繁多、技艺成熟、品质优异而迎来了它的第一个黄金时期。到14世纪，各种风格传统融入了相对统一的西藏中部的“西藏风格”之中。

在西藏这一组铜像中，主要分为西藏西部的藏西风格和西藏中部的西藏风格两类。从检测数据看，12件12至14世纪藏西风格铜像，均为黄铜，受喀什米尔风格影响，表面不鎏金。Zn含量在10%～20%的波动范围，平均值约为17%，含有少量的Pb，皆在10%以下。35件西藏风格造像，多数Cu含量在90%以上，普遍含有少量Zn，多低于5%，仅个别达到10%左右，其合金材质以红铜和低锌黄铜为主。Pb含量普遍较低，在5%以下，个别达到10%左右。西藏中部地区主要受尼泊尔风格影响，并且尼泊尔工匠在西藏从事佛像制作直至20世纪上半期②。西藏中部以红铜鎏金像为主，一直延续至今，但是对于黄铜不鎏金造像的仿制一直存在。这也意味着工匠对于红铜比黄铜具有更好鎏金效果的性质早已有所认识。

（三）内地及蒙古藏传佛教铜像

元、明、清三代宫廷机构中都设有造像作坊，如元代的梵像提举司，明代御用监辖的佛作，清代的造办处。汉藏艺术上的交流，丰富和发展了藏族艺术。明朝永乐时期，西藏宗教导师和明成祖之间相互馈赠了数量相当可观的佛像。这些标有永乐题记的铜佛造像，同当时汉藏关系之间存在着十分密切的联系③。

清代宫廷大约从康熙时期开始制造佛像，大量制造佛像是在乾隆年间。清代宫廷造佛像的匠师不仅有内地工匠，还有西藏与尼泊尔工匠。西藏与尼泊尔工匠把他们精湛的铸造与雕塑技术传到宫廷，与北京地区传统的造像工艺相结合，创造出一种清代宫廷造像风格④。

9件确定为明朝永乐、宣德时期（15世纪）宫廷造像（表4），材质皆为黄铜，成分显示出较为稳定的特征，Cu含量在80%～90%之间，Zn含量多在10%～20%之间，Pb含量低于2%，多数Sn含量极低。黄铜造像表面都施有鎏金。4件永乐时期的法器、2件金刚杵与铜像的材质特征一致，2件金刚法铃则具有响铜器的高锡青铜的材质特征。从成分数据可以发现，明代宫廷造像的质量控制是较为严格的，表现在合金配比的稳定和艺术水准的高超。永宣时期的宫廷铜造像也是目前发现的中原地区最早的成批量黄铜制品。

另外5件永宣风格造像中，3件黄铜成分的特征并没有一致性，Pb含量明显升高，有1件宝冠释迦牟尼是铜锡铅三元青铜合金。说明受永宣风格所影响的造像，在材质上使用黄铜和青铜的皆有，而青铜是中原地区历史上使用最为普遍的铜合金。

清代藏传佛教造像，可分为康熙时期造像、乾隆宫廷造像和乾隆“六品佛楼”造像，以及喀尔喀蒙古和内地造像。其中11件康熙时期的铜像Cu含量在65%～85%的范围，Zn含量较此前升高，多在15%以上，最高的超过30%，Pb含量普遍在1%～3%之间，个别达到6%左右。这些黄铜造像，表面都有鎏金装饰。在24件乾隆时期的宫廷铜像中，有11件出自宫廷“六品佛楼”，这些佛像莲座背面刻有宫廷的定名。这11件铜像表面没有鎏金，采用的是“烧古”的表面装饰工艺。Cu含量多在65%～75%之间，Zn含量在20%～30%之间，均值约24%，含Sn较低。其余13件乾隆宫廷造像的材质主要为高锌黄铜，但也有个别是红铜和低锌黄铜。值得注意的是，康熙、乾隆宫廷造像的Pb含量相对永宣和西藏黄铜像偏高。

据《清宫造办处活计档》记载，乾隆三十四年（1769年）三月，皇帝发现三尊要求加倍镀金铜像“镀得金水不如对牌好”。造办处查出“铜佛三尊系黄铜铸造，比较红铜镀出颜色微淡，且有浮光，令镀出黄铜片一块较对相仿”。皇帝要求“嗣后传做镀金佛時，著用红铜铸造”[⑤]。乾隆四十三年（1778年）二月，“侍郎金□將安澗园铜三世佛三尊，因铜内有铅性不能镀金等情，持进交太监鄂鲁里呈览。奉旨：著改烧古色。”[⑥]红铜像表面易于鎏金，而黄铜像在西藏地区通常不鎏金而保持本色，这与工匠认识到黄铜鎏金效果不佳有关。清宫造办处工匠对于铜佛制作中的鎏金效果与材质的关系还有一个认识的过程，对于铅对黄铜鎏金效果的影响，也是通过不断的总结经验而了解。

喀尔喀蒙古铜佛造像艺术风格形成，主要是在公元17至18世纪蒙古活佛一世哲布丹巴尊时期。一世哲布丹巴尊将尼泊尔艺术风格介绍到喀尔喀蒙古，甚至是从藏地请尼泊尔工匠到蒙古制作铜像[⑦]。检测的12件喀尔喀蒙古铜像具有与尼泊尔和西藏中部铜像相似的成分特征，以红铜鎏金为主，Cu含量较高，在90%左右，Zn含量低于10%，Pb含量极低。

20件内地制作的藏传佛教铜像，虽然因其具体来源不易确定，但是可以发现这些18世纪的铜像中高锌黄铜所占比重明显较大，Pb的均值达到25%。这与康熙、乾隆时期造像的合金材质特征较为一致，也与清代黄铜铸币的材质特征是一致的[⑧]。

## 二、铜佛造像合金材质的讨论

在此之前，有关古代铜佛造像的实验室分析研究工作，几乎全部是由西方研究者完成的。样品主要是西方博物馆的铜佛像藏品，研究工作主要集中在20世纪70年代到90年代这一时期，所采用的分析方法，是以金属成分分析为主，后期研究者综合了其他分析检测手段。

本次检测工作揭示出有关铜佛造像合金材质诸多有价值的信息。虽然对于印度、尼泊尔和西藏地区出产铜像的分析，并未超越此前西方学者的研究结果，但也使我们能够对这一地区出产的铜像做一番检视。1972年，Otto Werner检测330件出自印度、东南亚和东亚的铜像后发现，从总体上说，早于14、15世纪的铸像以青铜为主，在此之后锌成分的增加伴随着锡成分的减少，但是也有例外，如那些来自喀什米尔、古吉拉特和比哈尔的铸像[9]。这一发现适用于中原地区的情况，中原地区目前普遍的使用黄铜是从明代开始。

铜像材质的讨论涉及黄铜、红铜和青铜这三大类的铜合金。黄铜在中原地区铜像上出现要晚于印度地区，Paul Craddock认为西藏地区在16世纪前就产生了从渗锌法生产黄铜到混合铜锌两种金属生产黄铜的变化。有意在铜合金中不加入铅是尼泊尔和印度工艺中普遍的做法，铅对加热镀金造成的破坏性很大[10]。Hurtel, Malfoy, Menu在分析了83件来自东北印度、西藏东中西部、尼泊尔、中国内地和蒙古的铸像后，发现锌和铅的含量在蒙古和中国内地要比西藏和尼泊尔的高，在所有的地区黄铜都要比青铜普遍[11]。Nieywenhuysen和Adams分析了23件西藏、尼泊尔和中国内地铜像后，发现合金组成地区性差异不明显，无法得出确定的结论。但印度、西藏地区，铸像的铅含量比中国内地的铜像要低，或许是专门不加铅，因为铅的存在会影响鎏金的效果[12]。中原地区汉传佛教铜造像，在材质上延续汉地固有的青铜铸造传统，以含铅高的青铜材质为主流。中原地区在青铜、红铜和黄铜像上都倾向于施加表面鎏金这种装饰工艺，但是对于黄铜中的铅对鎏金效果的不良影响也许确至很晚才发现。除了明代永宣宫廷造像，其他造像对铅含量的控制都不够严格。

但最终黄铜发展成为汉地铜像的最主要合金材质，取代了原有青铜合金的地位，至明朝嘉靖时铸币材料也由青铜改为黄铜。Josef Riederer发现铸像所使用的合金是极其不同的，西藏西部铜像的含锌量高而不含锡和铅，西藏中部含锌量低，几乎为红铜，尼泊尔的佛像几乎全为红铜。认为在某些情况下，金属分析可以为确定铜像的产地提供确切的提示[13]。西藏西部地区受喀什米尔造像传统的影响，造像之初采用黄铜。但在西藏中部地区，造像的材质却是红铜成为主流，并由于对质软红铜的普遍利用，而使得捶锞锻打工艺成为佛像制作的重要方法。在西藏黄铜像不鎏金，红铜像鎏金，也说明这一地区工匠对合金材质的性质认识较早。汉地对各种材质铜像通常都施以鎏金，对黄铜鎏金效果不如红铜好，以及对黄铜中含铅高影响鎏金效果的认识，都是很晚才获得的。这或许也与黄铜冶炼为外来输入技术有关，中原地区仍按照此前处理青铜的方式来处理黄铜。

获得黄铜的关键在于对金属锌元素的获得和利用。冶炼金属锌的工艺，直到明代宋应星《天工开物·五金篇》中方见于记载[14]。对于早期的黄铜器，学者可能是利用含铜及锌的共生矿或用氧化铜矿加上菱锌矿冶炼而成[15]。在中国古代文献中，与铜锌合金产生最多联系的名词是“鍮石”。关于鍮石输入中原的记载多与波斯国有关。林梅村考证“鍮石”原为古波斯人对红铜的称谓，在掌握黄铜冶炼术后，又用该词表示黄铜。他认为中国黄铜冶炼技术完全可能是东西方文化交流的产物，这种技术传播的媒介很可能就是鍮石佛造像[16]。应该借助于对古代铜佛造像，尤其是魏晋至宋元时期的铜像，开展更多的检测工作，以对中国历史时期合金材质的转变这一重要事件获得更清晰的认识。

铜像样本的时代和地域分布对于得出可信结论是至关重要的。1981年，在Oddy和Zwalf使用原子吸收光谱法分析英国伦敦Bristish Museum和Victoria and Albert Museum收藏的120件来自西藏地区、尼泊尔、中国内地的铜佛像，目的是从地区和时代分组推断出可能的金属成分特征。他们的结论是：从金属成分无法得出任何确定铸像起源地的数据模式。然而，在他们的研究中只有少量样本被确定为中世纪，多数是18至19世纪的，还有一些样本可能来自研究区域以外[17]。铜像样本集中在较晚的时代，限制了获得整体性判断的可能。这次检测的样品在时代和地域性上都较为有代表性，对于明清宫廷铜佛造像的检测揭示出此前未曾清晰的合金材质面貌，这些数据可以作为此后判断明清宫廷造像的成分标尺。此外，对喀尔喀蒙古造像的检测，也使对蒙古造像与西藏中部尼泊尔传统的关联得到佐证。

对造像材质分析所得数据都是从地区分组的比较中来反映地区的铜合金特征，而数据能否有效反映地区的特征需要依赖可确定产地的样品数量的多少。金属成分比较的有效性只有随着样品数量的增加才能够提升，而且必须与铜佛像的其他特征相对应。在研究方法上，从单纯的合金成分分析进化到多种方法的综合使用来判定产地来源和工艺特征，是面对问题的复杂性，而探索解决方法的不断尝试。金属成分分析的方法只有存在于一个整体判断标准中，才是有效的。这个判断标准应包括金属造像的工艺技法、视觉风格、合金成分，以及古代文献记载和作坊实地考察。

1 Henss M. Himalayan metal images of five centuries: Recent Discoveries in Tibet[J]. Orientations, 1996(6): 57-66.
2 袁凯铮．西藏中部铜佛像制作工艺传统的转换——从尼泊尔传统到昌都传统[J]．西藏研究，2011(4)：93-104.
3 海瑟·噶尔美. 早期汉藏艺术[M]. 熊文彬译. 石家庄：河北教育出版社，2001. 111-117页.
4 杨新等. 清宫藏传佛教文物[M]. 北京：紫禁城出版社，1992. 8，9，57页.
5 中国第一历史档案馆，香港中文大学文物馆．清宫内务府造办处档案总汇[G]．北京：人民出版社，2005：卷32，296页.
6 中国第一历史档案馆，香港中文大学文物馆．清宫内务府造办处档案总汇[G]．北京：人民出版社，2005：卷41，225页.
7 罗文华．故宫藏蒙古铜佛造像研究[J]．故宫博物院院刊，1999(2)：81-88.
8 周卫荣. 中国古代钱币合金成分研究[M].北京：中华书局，2004. 447页.
9 Werner O. Spektralanalytische und metallurgische untersuchungen an indischen bronzen[M]. Leiden: E. J. Brill, 1972.
10 Craddock P T. The copper alloys of Tibet and their background[M]// Oddy W A, Zwalf W. Aspects of Tibetan metallurgy. London: British Museum, 1981: 1-31.
11 Hurtel L, Malfoy J M, Menu M. Analyse du metal[M]//. Annales du laboratoire de recherche des musees de France. Paris: Government of France, 1982: 30-34,54-61.
12 Nieuwenhuysen P, Adams F. Elemental analysis of Himalayan metal statues[J]. Historical Metallurgy, 1984(2): 105-108.
13 Riederer J．小型铸像之金属分析[M]//Uhilg H．佛像解说．北京：社会科学文献出版社，2003：99-106.
14 宋应星．天工开物[M]．长沙：岳麓书社，2001.
15 孙淑云．黄铜的发明和使用[J]．机械工人.热加工，1984(10).
16 林梅村．鍮石入华考[J]．考古与文物，1999(2)：65-74.
17 Oddy W A, Zwalf W. Aspects of Tibetan metallurgy[M]. London: British Museum, 1981.

# 喀什米尔风格造像

# Statues of Kashmir

喀什米尔地区位于喜马拉雅山西（古印度西北部），紧邻巴基斯坦北部和阿富汗东部，曾是印度佛教传播和发展的中心。公元3世纪，喀什米尔河谷一带便成为孔雀王朝（约前320～185年）的一部分，佛教正是在阿育王在位时期（约前269～232年）传入了大喀什米尔山区。公元5世纪中期，哌哒人（白匈奴人）入侵西北印度，佛教遭遇了迫害，大部分佛教建筑被洗劫一空。公元7世纪初，佛教的处境逐渐有所好转，并在公元8世纪达到鼎盛。在喀什米尔艺术发展的过程中曾受到不同地域传统文化的影响，其中包括犍陀罗、斯瓦特河谷、兴都库什和当时印度北部相邻的一些地区的流行风格，即喜马偕尔邦、旁遮普邦和北方邦。传世的喀什米尔造像融入了古希腊、波斯、中亚及印度本土等多种文化艺术风格，主要承袭了具有古希腊雕刻手法的犍陀罗和后犍陀罗佛像艺术，同时也吸收了笈多时期的马土腊和萨尔那特造像艺术手法。

公元6～13世纪是喀什米尔佛像艺术的创作时期，丰富的金属矿藏和发达的金属冶炼技术为制作佛像提供了优越的先决条件。该地区一般采用质地莹润的黄铜整体铸造佛像，公元7～12世纪之间所制作的佛像被誉为最好的作品。像身表面不鎏金，在经过细致的抛光处理之后变得光润圆滑，呈现出亮丽的色泽。脸庞丰圆，弯眉大眼，嘴唇微微抿起，双眼圆睁平视。一些佛像眼部饰有瞳孔，展现出一种微笑之中略带惊奇的神态。镶嵌工艺是喀什米尔佛像艺术的特色之一，不仅会在佛像的眼部和白毫错银，甚至有的还会在佛像的眼角和唇部错红铜，这些贵金属的使用无疑增添了佛像的神韵和感染力。除此之外，还会对一些佛像的头部和颈部施以泥金和涂彩，以此来营造佛像眼睑下垂作冥思的神态特征。

喀什米尔风格造像的造型多为跏趺坐、倚坐和立姿。佛像的手势以转法轮印和无畏印为主，整体形象显得亲切自然。头部一般饰不规则螺发，有时仅仅轻微刻划出螺发，头顶肉髻较为平缓，形制硕大。造像躯体十分壮硕，应是当地人真实的特征写照，颈部雕有蚕节纹，腰部略微收束，身无任何饰物。一些佛像身着犍陀罗式通肩袈裟，带波浪式条纹，衣褶起落明显，给人一种厚重的织物感；还有一些佛像身着右袒式袈裟，紧贴全身，无衣褶，具薄透之感。菩萨像的冠式一般为传统的犍陀罗式扇形发髻冠或半月冠（即在冠前加饰半月）。冠沿饰由粗壮的颗粒构成的联珠纹，垂下的发辫与犍陀罗样式相似。身姿端正，装饰简朴，基本继承了犍陀罗样式。上身肩搭帛带，一些造像的大腿衣裙上会错嵌菱形块状的红铜作为装饰。有些早期的菩萨立像会身着犍陀罗式通肩袈裟，在衣褶的处理上继承了笈多时期的艺术手法，躯体轮廓得以完美毕现。吐蕃时期（约600～842年）之后，喀什米尔造像艺术有所改变，其身材修长，腰部紧收，着重突出手臂和大腿的肌肉线条。菩萨像开始逐渐显示出女性化特征，与同时期的尼泊尔造像装束风格相似，周身饰物更加华丽。特别是帛带质地轻柔，形制宽大，具有较强的织物感，尾端于身体两侧向上自然飘拂，动感十足。

台座样式主要以山石座和矩形座为主，也有矩形座或叠涩式多角亚字形须弥座与莲座的组合样式等。一般台座带有印度建筑特点，四角刻花圆柱或刻方柱；也有一些台座四角无圆柱或方柱。台座正前方有力士托举台面，两侧蹲踞双狮护卫，有的台座两侧后方还分别跪坐供养人。坐姿造像身下会铺有厚重的坐垫，早期坐垫多为素面，晚期坐垫多錾纹饰。有的台座前方饰有垂帘，这种装饰手法源于喀什米尔和斯瓦特两地之间的频繁艺术交流。莲座造型多为半圆、圆形的单层和双层，底部边沿落地。单层莲座上沿饰联珠纹；双层莲座束腰深，造型近似斯瓦特式莲座。莲瓣宽扁，瓣尖，这种样式多见于后犍陀罗艺术。造像背光呈镂空状，分别由顶圆光与举身光组成。通常身光的外环饰火焰纹，内环饰单道或双道联珠纹，还有一些身光的外环无纹饰，有时仅在顶圆光的内环饰双道联珠纹。

本章节收录的造像为公元7～12世纪西北印度喀什米尔地区作品。铸工精湛，侧重表现造像的内在精神气质，反映了当时西北印度佛教文化传播和佛教艺术发展的真实面貌。早期造像人物造型强壮有力，肌肉线条平缓；晚期造像较为瘦削，肌肉线条硬朗，与早期造像形成了鲜明的反差。喀什米尔佛像艺术对西藏和尼泊尔等亚洲地区的造像艺术影响深远，独特的镶嵌工艺多被用于西藏古格和拉达克造像之中，带动了西藏佛教艺术的复兴与发展。在世界佛教造像艺术史上，喀什米尔造像艺术占有极其重要的地位。

# 1.转法轮印释迦牟尼像
## Dharmacakra Mudra Shakyamuni

8～9世纪　喀什米尔

8～9th Century　Kashmir

北京翰海2010年春季拍卖会

高17.5厘米　重778克

黄铜　嵌银　嵌红铜

| 锑 | 锡 | 银 | 锌 | 铜 | 铁 | 铅 |
|---|---|---|---|---|---|---|
| 0 | 0.1 | 0 | 20 | 78.7 | 0.5 | 0.7 |

释迦牟尼原名悉达多·乔达摩，出生于古印度释毗罗卫（今尼泊尔南部提罗拉科特附近），是古代印度北部迦毗罗国净饭王的儿子。早年弃富离家独自修行，三十五岁成道后传法四十五年，是佛教的创始人，一般称之为“佛”或“佛陀”。

公元8世纪，喀什米尔佛教艺术发展十分繁荣，这一时期铸造的佛像工艺精致，风格成熟。造像头饰不规则螺发，肉髻大而平缓，为典型的犍陀罗样式。面庞丰满，隆起的眉弓上刻有阴线，鼻翼较窄，双唇微启。白毫及眼睛均嵌银，眼角嵌红铜。上躯端正，双肩宽阔。身着通肩式袈裟，带波浪式条纹，紧贴全身，领口自然下垂，为喀什米尔早期造像特点，颇具笈多风格特色。跏趺端坐，胸前双手结转法轮印，展示了佛陀说法时的生动情景。台座样式带有明显的印度建筑特点，四角雕刻方柱，无刻花。座面上铺有素面坐垫，正前方有力士托举台面，两侧蹲踞双狮护卫。造像轮廓清晰，线条舒展流畅，面部表情生动，雕工精湛，铜质莹润，充分展现了早期喀什米尔独特的佛像艺术和工艺表现手法。由此可见，这一时期的佛像五官刻划已十分精细，并且充分利用贵金属来提升佛像的神韵。

## 2. 无畏印释迦牟尼像
## Abhaya Mudra Shakyamuni

8世纪　喀什米尔

8th Century　Kashmir

纽约佳士得2011年秋季拍卖会

高17.5厘米　重748克

黄铜　嵌银　嵌红铜

| 锑 | 锡 | 银 | 锌 | 铜 | 铁 | 铅 |
|---|---|---|---|---|---|---|
| 0.2 | 1.5 | 0 | 12.2 | 81.7 | 0.6 | 3.8 |

造像右倾，左手牵衣角施授记印，右手施无畏印，赤足站立于圆台之上。头饰不规则螺发，肉髻大而平缓，为典型的犍陀罗样式。面庞长圆，弯眉大眼，鼻梁扁平，嘴唇嵌红铜。白毫及眼睛均嵌银，瞳孔居中，目光专注。躯体修长，腰部收束，颈部蚕节纹和腿部线条尤为明显。身着通肩式圆领袈裟，领口、袖口处分别雕有双重边，以示佛像身着两层衣。胸前U形衣褶起落明显，衣缘较厚，足以让人感到织物的厚重。造像整体舒展流畅，线条优美，衣着简洁朴素，神态生动传神，展现了早期喀什米尔造像艺术的真实风貌。

## 3.无畏印释迦牟尼像
## Abhaya Mudra Shakyamuni

11～12世纪　喀什米尔

11～12th Century　Kashmir

国内收购

高18.5厘米　重470克

黄铜　嵌银

| 锑 | 锡 | 银 | 锌 | 铜 | 铁 | 铅 |
|---|---|---|---|---|---|---|
| 0.1 | 0 | 0 | 25.6 | 70.1 | 0.6 | 3.7 |

造像身体微微向右倾，重心落于左腿，左手牵衣角施授记印，右手施无畏印。头顶肉髻高隆，面庞方圆，额部宽广，鼻梁圆好，大耳垂肩。面部泥金彩绘，眼睛嵌银，眼睑略微低垂，神态生动传神。身材修长，肩胸宽厚，腰部紧收，腿部线条尤为明显。身着通肩式袈裟，无衣褶。衣缘较厚，能感到织物的厚重。领口垂成V形，有双重边，以示佛像身着两层衣。台座由半月形单层莲座和叠涩式多角亚字形须弥座组成。莲座上沿饰联珠纹，座围饰匀称规整的桃形莲瓣，带有后犍陀罗艺术特色。身后顶圆光与举身光相连，外环饰火焰纹，内环饰单联珠纹。造像整体结构合理，身材比例协调，形象自然生动，铜质光亮莹润，铸造工艺精湛，为喀什米尔造像艺术精品。

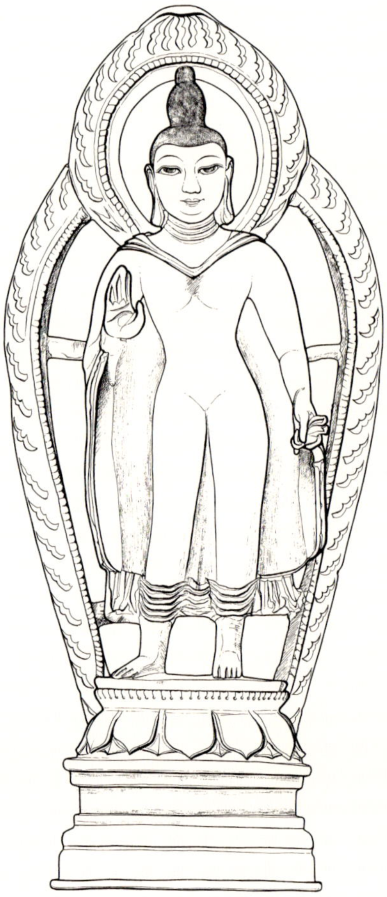

## 4. 阿弥陀佛像
Amitabha

9世纪　巴基斯坦

9th Century　Pakistan

北京翰海十五周年庆典拍卖会

高17厘米　重1530克

黄铜

| 锑 | 锡 | 银 | 锌 | 铜 | 铁 | 铅 |
|---|---|---|---|---|---|---|
| 0.3 | 2.1 | 0 | 11.8 | 75.8 | 1.8 | 8.2 |

阿弥陀佛被认为是西方极乐世界的教主，与观音菩萨、大势至菩萨合称“西方三圣”，备受显教和密教尊崇。

造像以法身形象显现，双手结禅定印，跏趺端坐。头饰不规则螺发，肉髻平缓。面相丰圆，大耳垂肩，鼻梁扁平，嘴唇较厚。弯眉大眼，瞳孔镂空，平视专注，似与帕拉造像的眼部特征存有异曲同工之处。躯体浑圆健硕，胸部肌肉发达，腰部略微收束。身着右袒式袈裟，紧贴全身，无衣褶，仅以刻划的阴线和敲刻的凹状点线表现衣缘。台座样式带有明显的印度建筑特点，四角刻花圆柱。座面上铺有座垫，纹饰精美，坐垫上下边沿均饰一排联珠纹。台座下方中间雕有瑞兽，两侧蹲踞的双狮平视前方。台座前的垂帘装饰源于斯瓦特佛像艺术，此种装饰手法基于频繁的艺术交流。在佛像的面部和躯体特征上也与斯瓦特佛像存在一些共同特点，是当地人真实的特征写照。造像端庄，表情生动，肌肤极具质感，尤其是坐垫和垂帘的装饰工艺为身无饰物的佛像增添了华丽庄严之感。

# 5.提篮观音像

## Avalokitesvara Holding A Basket

7～9世纪　喀什米尔

7～9th Century　Kashmir

北京翰海2011年春季拍卖会

高19.5厘米　重512克

黄铜　嵌银　嵌红铜

| 锑 | 锡 | 镍 | 锌 | 铜 | 铁 | 铅 |
|---|---|---|---|---|---|---|
| 0.2 | 4.1 | 0.1 | 12.6 | 80.7 | 0.8 | 1.5 |

造像体态优美，服饰简朴，左手提一双层小编织篮。头戴犍陀罗式扇形发髻冠，余发束绺垂搭双肩，耳垂饰物样式别致。面相丰盈，修眉长目，鼻梁圆好。眼睛嵌银，瞳孔居中，嘴唇丰满，镶嵌红铜。身着通肩式袈裟，带波浪式条纹，紧贴全身。造像仅在衣缘处表现衣褶，明显继承了笈多造像艺术手法，丰腴的躯体轮廓清晰毕现。造像女性特征明显，说明这一时期的观音造像逐渐从男相转变成女相的形象。其铸造工艺带有明显的写实主义色彩，铜质光亮莹润，镶嵌工艺精湛，充分展现了早期喀什米尔造像艺术的特征。

一般认为，提篮观音像所塑造的是观音菩萨成道后在东海金沙滩集市上化身成手提鱼篮的渔妇形象，常被称为“鱼篮观音”。当然，也有一些学者曾对观音手提之篮提出了不同看法，至今未有结果。实际上，观音作为佛教造像的重要题材之一，艺术形象种类繁多，无论是在雕刻、绘画，或其他艺术作品中，都能充分地体现出来。同时，也展现了佛教艺术在不同时期和不同地域的发展面貌。在目前传世的同类题材造像中，此尊造像的造型难得一见。

## 6.弥勒菩萨像
Maitreya Bodhisattava

7～8世纪　喀什米尔

7～8th Century　Kashmir

国内收购

高10.6厘米　重328克

黄铜　嵌银

| 锑 | 锡 | 银 | 锌 | 铜 | 铁 | 铅 |
|---|---|---|---|---|---|---|
| 0.2 | 1.8 | 0 | 8.2 | 85.3 | 0.9 | 3.6 |

弥勒造像约产生于公元初年，后在西北印度、东北波斯、中亚及西域地区渐渐流行起来，至公元7世纪是喀什米尔佛教造像艺术发展的重要时期。这一时期的造像普遍具有较多的犍陀罗艺术特点。至公元8世纪是发展成熟期，其本土特色已基本形成。

此尊弥勒像是佛教造像中的两种形象之一。造像胸前双手结说法印，善跏趺坐。这种垂脚倚坐的造型展示了弥勒传授妙法教义时的生动情景。头饰螺发，肉髻大而平缓，是典型的犍陀罗样式。面庞丰满，大耳垂肩，弯眉大眼，鼻梁扁平。圆形白毫嵌银，眼睛嵌银，目光专注，神情祥和。上躯宽厚，肩部圆滑，颈部雕有蚕节纹。身着通肩式圆领袈裟，衣褶起落明显，呈不均匀U形细密分布。台座由双层方形和圆形莲座组成，上层铺有坐垫，四角无雕花圆柱，正面两侧蹲踞双狮护卫，底部边沿饰双道联珠纹。下层和前方圆形莲座均施覆式莲瓣，身后顶圆光与举身光相连，外环饰火焰纹，内环饰双道联珠纹。造像端庄古朴，人物神态生动，铜质光亮莹润，镶嵌工艺精湛，为早期喀什米尔造像艺术之代表作。

# 7. 文殊菩萨像
## Manjushri Bodhisattva

11世纪　喀什米尔

11th Century　Kashmir

纽约苏富比2011年春季拍卖会

高17.2厘米　重466克

黄铜　嵌银　嵌红铜

| 镍 | 锡 | 银 | 锌 | 铜 | 铁 | 铅 |
|---|---|---|---|---|---|---|
| 0.1 | 0.2 | 0 | 19 | 76.4 | 0.2 | 4.1 |

文殊菩萨是大乘佛教智慧的化身，在显教和密教中拥有极高的地位，为佛教八大菩萨之首（文殊、普贤、观世音、金刚手、虚空藏、地藏、弥勒、除盖障）。

此尊为美国Harry Lenart夫妇旧藏，曾于1978年8月15日～10月15日期间在美国洛杉矶县博物馆展出。造像头戴犍陀罗式扇形发髻冠，余发束绺垂有饰物。面容端秀，隆起的眉弓上刻有阴线，鼻梁圆好，双唇微启。圆形白毫嵌银，眼睛嵌银，眼角和嘴唇嵌红铜。晚期喀什米尔造像继承了成熟时期的工艺手法，充分利用贵金属来提升佛像的神韵。经历了吐蕃时期之后，喀什米尔佛像艺术也有所改变，造像躯体略显削瘦。这一时期的菩萨造像逐渐显示出女性的特征，耳环、缯带、长珠链、手镯和臂钏等周身饰物与尼泊尔造像较为相似。宽大的帔帛自然垂落，尾端向上飘拂于体侧，极具动感。左手持经箧，右手擎利剑，半跏趺坐。圆形仰覆莲座束腰，上沿饰联珠纹一周，莲瓣略显细长。莲座造型与斯瓦特式莲座几乎相同，这些共同的艺术特点基于两地之间频繁的艺术交流。身后顶圆光与举身光相连，外环无纹饰，顶圆光内环饰双道联珠纹。造像生动可爱，人物表情自然生动，铜质光亮莹润，包浆圆润，充分展现了喀什米尔独特的造像艺术和工艺手法。

# 8.六臂文殊金刚像
Six-armed Manjushri Vajra

9世纪　喀什米尔

9th Century　Kashmir

2010年香港国际古玩博览会，英国藏传佛教艺术资深藏家Rossi & Rossi惠让

高14厘米　重1274克

黄铜　嵌银

| 锑 | 锡 | 银 | 锌 | 铜 | 铁 | 铅 |
|---|---|---|---|---|---|---|
| 0.1 | 0 | 0 | 25 | 71 | 0 | 3.9 |

持有弓和箭的六臂文殊也可称为“文殊金刚”，此类题材造像传世较少。造像三头六臂形象，“六臂”表能游行于六道，以大悲心和大智慧解除六道众生的各种苦恼和障碍。“六道”属佛学术语，即：天道、阿修罗道、人道、畜生道、饿鬼道和地狱道。

造像头戴犍陀罗式扇形发髻冠，正面加饰半月。此种冠式一般称为“半月冠”，最早现于公元8世纪，后传入尼泊尔和西藏等地。面相丰圆，白毫、眼睛均嵌银。上身端正，肢体壮硕，腰部收束。身着天衣绸裙，帔帛绕臂自然垂落，下端向上呈U形飘拂于体侧。佩饰耳珰、项链、手镯、臂钏和脚镯。金刚跏趺坐姿，胸前主臂双手拥智慧尊印，其余四臂分持宝剑、莲花、弓、箭。椭圆形仰覆莲座束腰较深，座面铺有坐垫，中间可见平铺的裙褶和垂下的丝带。双卵形莲瓣是这一时期的莲瓣造型之一，底部边沿落地，其样式常见于后犍陀罗艺术。造像端庄典雅，题材罕见，雕工精湛，铜质光亮莹润，为早期喀什米尔造像艺术之代表作。

释迦牟尼

垂足坐（弥勒菩萨）

释迦牟尼

提篮观音

手执袈裟衣角

持握印

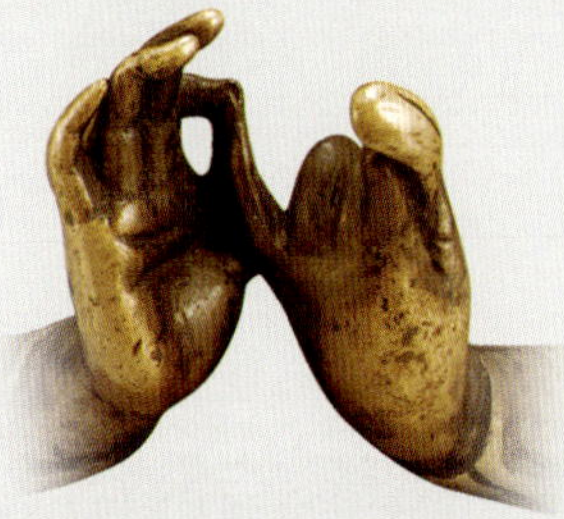

转法轮印

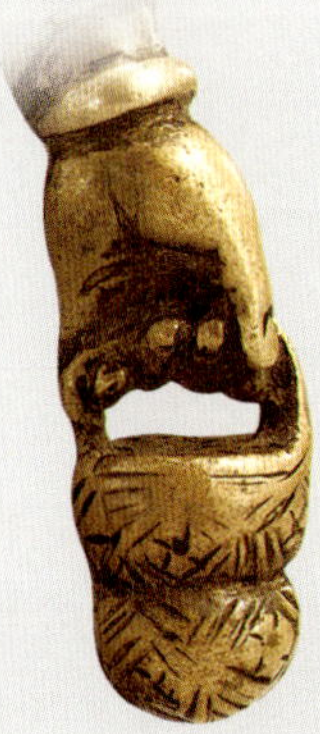

手提编织篮

金刚跏趺坐

半跏趺坐

椭圆形仰覆莲座（施双卵形莲瓣）

圆形仰覆莲座
（造型近似斯瓦特风格造像莲座）

带有印度建筑特点的矩形座

带有印度建筑特点的垂帘式台座

# 帕拉风格造像

# Statues of Pala Style

帕拉王朝（Pāla Dynasty）也译为波罗王朝，曾是古印度东北部的一个小邦国，主要统治区域在今印度比哈尔邦和孟加拉一带。帕拉王朝延续了400多年（约750～1200年），于公元13世纪初伊斯兰教势力入侵后灭亡，印度本土佛教随之彻底溃灭。帕拉王朝历代君主都鼎力支持佛教，尤其热衷于密教，不仅使印度佛教达到了最后的高峰，还使比哈尔和西孟加拉发展成印度最重要的佛教研究中心，也是印度佛教、密教传播和发展的重要中心之一。我国西藏佛教的发展主要是以北印度流行的密教为基础，尤其是在公元10世纪开始的后弘期，前往印度的人潮中就有大量的藏族人。

公元8～12世纪是帕拉佛像艺术的创作时期，一般称为“帕拉艺术”或“波罗艺术”。铜造像正是在这一时期开始大量流行的，应是受到了当时经济发达的南印度铸造技术的影响。由于帕拉王朝是在古笈多王朝的国土上建立的，所以帕拉造像主要以笈多造像的样式和技法为主。除了按照密教教义和仪轨的规定外，也会融入由印度各地来此取经学道的教徒带来的不同地域的文化艺术。从严格意义上讲，帕拉风格造像应是多元文化和艺术融合的形式，具有浓厚的密教色彩。早期造像题材以佛和菩萨为主，密教题材造像尚未形成主流，特征不是十分突出。中期造像经过公元8～9世纪两百余年的发展之后，已达到鼎盛。这一时期的造像面相庄严，身体健壮，颇有早期笈多造像的典雅之风。密教也正是在这一时期取得了丰硕的成果，大多造像在形式上已被密化，不仅造型复杂，而且体态优美，在装饰上也已逐渐变得较为繁缛华丽。

帕拉风格的造像多为跏趺坐、游戏坐、舞姿和立姿。东北印度一般采用黄铜整体铸造佛像，有时也会采用红铜和青铜。佛像多不鎏金，身体光润圆滑，铜质色泽温润，错银和错嵌红铜的工艺手法会时常使用，有的还施以泥金处理。造像面部五官清晰，眼窝深陷，鼻梁直挺，双唇紧闭，为典型的印度人长相。躯体挺拔，结构匀称，肩宽腰细，身体起伏变化较为明显，应是当地人真实的特征写照。菩萨像通常头顶圆柱状发髻冠，边沿饰三花冠，造型较为低矮。这种冠式在当时非常流行，亦可称为“三叶冠”，应源自犍陀罗地区。耳际处横出典型的帕拉式扇形冠结，有的宝缯垂至肩部，有的呈U形自然上扬。除了一些造像具有典型的印度人特征外，也有“娃娃脸”造像。面部上宽下窄，眉眼细长，人中较短，口鼻相对集中。身体婀娜多姿，优美动人。衣质薄透，喜用敲刻出的梅花点对衣着进行装饰，周身以珠宝项链、斜披的圣带及钏镯等作为装饰。

台座样式大多为束腰式梯形仰覆莲座，或莲座和六足折角高台相结合的形式，也有少数莲座为单层覆莲形式。有的莲瓣短小饱满，对称分布；有的莲瓣扁平舒展，紧贴座壁，对称分布或错落分布。通常莲座上下边沿饰联珠纹，有的仅在上沿饰联珠纹。六足折角高台呈向上收缩的多角叠涩形式，其形制与印度菩提伽耶大菩提塔（在今印度比哈尔邦伽耶城南10公里处）极为相似，造型颇为复杂。背光呈拱门形，通常插在台座后部，造型十分规范。另外，也有一些背光具有明显的印度早期佛塔的特征。

本章节中收录的造像包括东北印度帕拉造像，印度工匠在西藏制作的帕拉风格造像，以及西藏工匠模仿帕拉风格制作的佛像。公元12世纪之前的作品直接出自东北印度或由印度工匠在西藏所制作。这些作品正、背面的工艺水平一致，刀工技法运用娴熟，材质均为黄铜。西藏艺术家在公元12～13世纪期间制作的帕拉风格造像，通常注重佛像正面的工艺。除西藏西部地区用黄铜铸造佛像外，西藏其他地区均受尼泊尔影响，喜用红铜铸造佛像，大多鎏金。而公元13世纪之后的所有帕拉风格造像都应出自藏族工匠之手，此类造像传世不多，尺寸较小，多为单件式。东北印度帕拉王朝的密教发展和造像艺术对我国西藏有着很深的影响，造像身体线条流畅、肢体语言丰富、神态活泼而富有神秘感。

# 9.释迦牟尼像
Shakyamuni

11世纪　东北印度

11th Century　Northeastern India

国内收购

高10.5厘米　重380克

黄铜　嵌银　嵌宝石

| 锑 | 锡 | 银 | 锌 | 铜 | 铁 | 铅 |
|---|---|---|---|---|---|---|
| 0.1 | 0 | 0 | 19.5 | 76.6 | 0.2 | 3.6 |

造像头饰螺发，髻珠嵌有半颗宝石，极具特色。天庭饱满，额际宽广，下颔削尖，五官清晰。高鼻深目，细眉高挑，双目睁视，嘴唇紧闭，为典型的印度人模样。眼部和白毫嵌银，神韵十足。上躯端正，肩部圆滑，胸肌饱满，腹部紧收。身着右袒式袈裟，左肩覆搭衣角，采用萨尔纳特式手法处理衣纹，躯体轮廓清晰。袈裟下摆散落在台座前形成扇面，与萨尔纳特造像如出一辙。左手结禅定印，右手施触地印，跏趺端坐，表现了释迦牟尼佛在菩提伽耶降伏魔罗。佛像坐于有装饰的坐垫上，象征金刚座石台座，历史上的释迦牟尼佛就是在石座上获得觉悟的。一般这种座垫的正面会饰有狮面图案，是菩提伽耶大菩提塔内主佛像的标志之一。此像与其他相似的造像均是大菩提塔内神圣石佛的复制品。唯一明显不同的是双层莲座，原始石佛像是长方形台座。可以想象，此类风格佛像铸造于菩提伽耶，其中一些佛像作为圣物卖给了朝圣者，我国西藏大昭寺也存有当时带回西藏的此类风格造像。当时，这种类型的佛造像和其他尊神像带着帕拉风格（即波罗风格）从北印度传向了整个佛教界。梯形仰覆莲座尽显沉稳大气之势，下沿满饰落地联珠纹。莲瓣圆鼓，瓣尖微翘，对称分布。造像整体造型端庄，身材比例匀称，肌肤极具质感，为后期帕拉风格造像艺术精品。

# 10. 宝冠释迦牟尼像
Crowned Shakyamuni

12世纪　东北印度

12th Century　Northeastern India

国内收购

高10厘米　重300克

黄铜

| 锑 | 锡 | 银 | 锌 | 铜 | 铁 | 铅 |
|---|---|---|---|---|---|---|
| 0 | 0.2 | 0 | 16.6 | 81 | 0.2 | 2.0 |

造像头戴宝冠，发髻高簪，耳后扇形冠结自然垂搭。面丰润，额部宽广，眉间饰竖状白毫。五官端正，弯眉大眼，瞳孔居中，丰唇微抿。上躯端正，双肩平滑，胸部挺拔，腰部略收。身着右袒式袈裟，衣薄贴体，衣缘线条明显。圆珠项链颗粒硕大，中间垂下的花形饰物盖住了部分衣缘，具有很强的立体感。项链尾端系结，质地柔软，织物感强。服饰简洁，袈裟上多处施有梅花点，为典型的帕拉式装饰手法。左手结禅定印托钵，右手施触地印，跏趺端坐。莲座造型舒展，束腰处饰联珠纹一周。仰莲细长，覆莲肥厚，层次分明。原封底盖上刻有十字金刚杵图案。造像比例匀称，躯体线条流畅，人物形象生动，艺术特点突出，为后期帕拉造像艺术精品。

## 11.六臂文殊金刚像
## Six-armed Manjushri Vajra

12世纪　东北印度

12th Century　Northeastern India

巴黎佳士得2008年春季拍卖会

高9厘米　重270克

黄铜　嵌银　见肉泥金

| 锑 | 锡 | 银 | 锌 | 铜 | 铁 | 铅 |
|---|---|---|---|---|---|---|
| 0 | 0.1 | 0 | 25 | 74 | 0.2 | 0.6 |

造像头戴三花冠，顶结圆柱状发髻，上饰摩尼宝珠。面相圆润，三目嵌银，眼睑低垂。上身袒露，左肩斜披银质圣带，佩饰耳珰、项链、手镯、臂钏和脚镯。下身着裙，仅用阴刻的双线表现裙纹。腰间束带形制宽大，纹饰錾刻精美。身体微向右倾，六臂刻划精美，手中所持器物寓意文殊菩萨拥有浩瀚的智慧，可斩除一切烦恼与无明愚痴。胸前主臂双手拥智慧尊印，其余四手分持弓、箭、宝剑和莲花，花蕊上奉置经箧。梯形仰覆莲座，上沿饰联珠纹一周，莲瓣错落分布。仰莲扁平舒展，紧贴座壁；覆莲略微圆鼓，瓣尖稍卷。像身见肉之处采用泥金处理，以此突出银质项链和圣带的装饰效果。尤其是微笑的神情彰显出济世渡人的慈悲情怀，展现出一种成熟的和谐之美，为后期帕拉造像艺术精品。

## 12.金刚手菩萨像
Vajrapani Bodhisattva

12～13世纪　西藏西部

12～13th Century　Western Tibet

北京翰海2009年春季拍卖会

高8厘米　重90克

黄铜　局部彩绘

| 锑 | 锡 | 银 | 锌 | 铜 | 铁 | 铅 |
|---|---|---|---|---|---|---|
| 0.2 | 2 | 0 | 21.5 | 75.2 | 0 | 1.1 |

金刚手菩萨因手执金刚杵而得名，是大势至菩萨的忿怒化现，与观音菩萨、文殊菩萨合称“三族姓尊”，分别代表“伏恶、慈悲、智慧”三种特质，也是八大菩萨之一（观音、弥勒、虚空藏、普贤、金刚手、文殊、地藏、除盖障）。另外，金刚手菩萨属金刚部，常侍卫于佛，具有除恶降魔的广大神力。

随身佛同样具有重要的宗教意义。材质种类繁多，有用石头、木头、泥塑和象牙制作的，也有用铜、银等金属制作的。除早期一些带有明显印度风格的石制随身佛外，尤以铜制随身佛传世最多。造像顶结桃形发髻，天庭饱满，三目圆睁，鼻宽唇厚。耳挂大圆环，耳际处宝缯上扬，造型十分夸张。躯体壮硕，袒胸露腹，胸前饰花苞形坠珠链，左肩斜披圣带，两肩帔帛自然飘拂于体侧。下身着裙，腰间束带结垂腿间。左手持金刚铃，右手擎金刚杵，左展姿。梯形仰覆莲座上沿饰联珠纹一周，下沿满饰落地联珠纹，颗粒较大，形制略方，具有鲜明的西藏西部造像艺术特点。莲瓣扁平舒展，紧贴座壁，错落分布。背光造型具有明显的印度早期佛塔特点，两侧翻转的飘带极具动感。上方饰舍利塔尖，下饰大鹏金翅鸟，中间两旁为寺院塔柱，柱上各伫一鸟。造像构图规整，比例协调，人物形象生动可爱，躯体线条流畅，原封底。

# 13.绿度母像
Green Tara

10～11世纪　东北印度

10～11th Century　Northeastern India

纽约佳士得2012年春季拍卖会

高8.3厘米　重252克

黄铜

| 锑 | 锡 | 银 | 锌 | 铜 | 铁 | 铅 |
|---|---|---|---|---|---|---|
| 0.3 | 0.1 | 0 | 22.7 | 73.4 | 0.4 | 3.1 |

度母是密教重要的崇奉对象，尤其在尼泊尔地区备受尊崇。据《度母本源记》记载，度母是由观音菩萨的眼泪变出的不同身色的化身。藏密中共有二十一位度母，这些度母的形象大多可在壁画或唐卡中见到。绿度母因身为绿色而得名，被称为“一切度母之源”，在佛教神系中被尊称为“三世佛之母”，深受蒙藏人民喜爱。

造像头戴小三叶冠，束发盘曲，耳上扇形冠结横出。面庞丰润，宽额深目，长眉高鼻，双唇微抿。身材匀称，圆乳高隆，佩饰耳珰、项链、手镯、臂钏和脚镯。胸前长链由双乳内侧绕过，两肩帔帛自然拂于体侧。下身着裙，腰间系带，仅以双道阴线表现裙纹，裙上施有梅花点装饰。左手拈一茎莲花，右手施与愿印，右脚踏莲舒坐。单层莲座造型古朴，莲瓣扁平舒展，紧贴座壁，排列规整。造像雕工精湛，铜质莹润，在面相、装饰及造型等方面均具有典型的帕拉艺术风格。

## 14. 度母像
Tara

12世纪　东北印度

12th Century　Northeastern India

国内收购

高9厘米　重288克

黄铜

| 锑 | 锡 | 银 | 锌 | 铜 | 铁 | 铅 |
|---|---|---|---|---|---|---|
| 0 | 0 | 0 | 17.5 | 80.2 | 0.4 | 1.9 |

造像发髻卷盘，发簪硕大，冠式别致，中间叶片高大，两边饰花朵。面相圆润，上宽下窄，弯眉大眼，传递出稚嫩秀气的神情。躯体细长，高乳圆隆，腰部直挺，脐窝深陷。上身袒露，佩饰项链、长链、手镯、臂钏和脚镯，其中S形长链极具特色。下身着裙，腰间束带刻有几何纹饰。裙上纹饰美观大方，仅用阴刻的双线表现裙纹，线条简练。左手拈一茎乌巴拉花，右手结三宝印，右脚踏莲舒坐。单层莲座高大，上沿饰几何条纹一周，下沿錾刻阴线一周表联珠纹。莲瓣长圆，扁平舒展，紧贴座壁。原封底，上刻有十字金刚杵图案。人物形象生动可爱，纤柔之中极具力量感，造像铜质成色温润，几何重心偏下，为后期帕拉风格造像艺术精品。

# 15.四臂财续佛母像
## Four-armed Vasudhara

11～12世纪　西藏

11～12th Century　Tibet

国内收购

高14厘米　重285克

红铜鎏金　嵌银

| 锑 | 锡 | 银 | 锌 | 铜 | 铁 | 铅 |
|---|---|---|---|---|---|---|
| 0.2 | 0.6 | 0 | 1.1 | 96.9 | 0.4 | 0.8 |

财续佛母属瑜珈密续佛部，亦可称为“财续天女”、“财源天女”或“增禄天母”，是一位赐予财富的本尊。常见造型有二臂、四臂和六臂之分，是当时尼泊尔地区十分流行的一种造像题材。

造像头戴花冠，结高发髻，顶饰摩尼宝珠。耳后扇形冠结横出，宝缯、余发垂搭双肩。面相圆润，两腮丰满，双唇微启。眼部嵌银，瞳孔居中，平视专注，神态祥和亲切。上身袒露，胸部丰满，腰肢细致，两肩帔帛绕臂自然垂于体侧。佩饰耳珰、项链、手镯、臂钏和脚镯。下身着裙，薄透贴体，腰间束带，装饰简约。体态优美，圆隆的双乳和扭动的腰肢展现出柔软流畅的躯体线条。主臂左手持宝瓶，右手施与愿印，其余二手分持经箧和摩尼宝，跏趺端坐。梯形仰覆莲座上沿饰联珠纹一周，莲瓣扁平舒展，紧贴座壁对称分布。下承六足折角高台，足侧跪坐女供养人，双手合十祈祷。台座较高，为向上收缩的多角叠涩形式，其形制与印度菩提伽耶大菩提塔极为相似，这种莲座与台座相结合的样式在这一时期常见。身后配拱门形背光，内环饰单道联珠纹，边缘镂雕火焰纹。造像具有典型的后期帕拉艺术风格，同时也融入了一些尼泊尔艺术元素。综合所有工艺特点和材料成分，此造像应为西藏地区制作。

# 16. 不动明王像
Acalanatha

9～10世纪　东北印度

9～10th Century　Northeastern India

国内收购

高12厘米　重425克

黄铜　局部彩绘

| 锑 | 锡 | 银 | 锌 | 铜 | 铁 | 铅 |
|---|---|---|---|---|---|---|
| 0 | 0.2 | 0 | 17.4 | 81.2 | 0.1 | 1.1 |

不动明王是佛教密宗中五大明王之主尊，拥有坚固不变的慈悲心，备受藏密尊奉。造像有二臂、四臂和六臂之分，现忿怒相。传世造像以一面二臂形象为主，由印度教湿婆的忿怒形象演变而来，多呈舞姿和立姿。

造像头戴骷髅冠，束发高髻，顶饰骷髅，耳后宝缯自然上扬。面相宽阔，三目圆睁，獠牙外露，相貌凶忿。左眼略俯视，右眼略仰视，额眼平视，这种视线角度唯不动明王特有。肢体壮硕，上身袒露，左肩斜披圣带，佩饰耳珰、项链、手镯、臂钏和脚镯。腰系虎皮，下身着贴体薄裙，仅用阴刻的双线表现裙纹。左手执绢索，右手擎利剑，帔帛向上自然飘拂。左腿屈膝着地，右腿弓立，身躯扭动、单膝跪地，姿态十分生动，展现出不动明王所具有的特征。圆形仰覆莲座束腰，上沿饰联珠纹一周。莲瓣圆扁，错落分布。造像整体比例协调，躯体光洁圆润，线条流畅。人物形象生动，表情丰富，为早期帕拉风格造像艺术精品。

## 17. 不动明王像
Acalanatha

12～13世纪　西藏

12～13th Century　Tibet

国内收购

高11.2厘米　重405克

黄铜　嵌银　嵌红铜

| 锑 | 锡 | 银 | 锌 | 铜 | 铁 | 铅 |
|---|---|---|---|---|---|---|
| 0 | 2.5 | 0 | 6.8 | 89 | 0.3 | 1.6 |

造像头戴三花冠，亦称“三叶冠”，其样式源于犍陀罗艺术。顶结圆柱状发髻，冠沿饰三排联珠纹，耳后饰扇形冠结和U形宝缯。面相清秀，双眉紧蹙，三眼均嵌红铜，圆睁怒视。躯体健硕，肌肤圆润，上身斜挂长蛇链，佩饰耳珰、项链、手镯和臂钏，脚镯以蛇为饰。下身着裙，薄透贴体，仅用阴刻的双线表现裙纹。裙上刻梅花点，其间嵌有块状的银和红铜装饰，与明王面部三只红眼相互映衬。左手持绢索，右手擎利剑，帔帛飘拂于体侧。左腿屈膝着地，右腿弓立，腰间束带结垂腿间。梯形仰覆莲座束腰，上下沿各饰联珠纹一周。莲瓣圆扁，平整舒展，对称分布。造像姿态优美，形象生动，雕工精湛，为西藏地区制作的后期帕拉风格造像精品。

## 18.黄财神像
## Yellow Jambhala

11～12世纪　西藏

11～12th Century　Tibet

纽约佳士得2005年春季拍卖会

高11.7厘米　重400克

红铜鎏金　嵌宝石

| 锑 | 锡 | 银 | 锌 | 铜 | 铁 | 铅 |
| --- | --- | --- | --- | --- | --- | --- |
| 0.1 | 2.2 | 0 | 1.4 | 93.5 | 0 | 2.8 |

黄财神具密教护法神祇，位居五姓财神之首，备受尊奉。传统的黄财神造型为左手握吐宝鼠，右手持宝瓶，右舒坐姿。吐宝鼠原是象鼻财神昆那夜迦的座骑，后演变成象征财富的神奇宝兽，是许多财神本尊的重要持物。

造像顶结圆柱状发髻，头饰由花冠和发髻冠组成，这种组合冠式在当时的帕拉地区十分流行。耳上扇形冠结横出，耳际处宝缯呈U形上扬。髻顶、耳珰嵌有绿松石，这种工艺手法在尼泊尔和西藏地区十分流行。面阔，眉头微蹙，双目圆睁，相容愠怒。四肢粗短，腹部圆鼓，腰系短裙，束带较宽。佩饰珠宝璎珞、项链、手镯、臂钏和脚镯。胸前饰物华而不乱，左肩斜挂的宝瓶长链特色十足。梯形仰覆莲座上沿饰联珠纹一周，下沿镂空宝瓶一周。中间莲瓣错落分布，仰莲扁平，覆莲圆鼓。造像奢华的装饰彰显出财神的特征，且在兼容了笈多造像崇尚躯体美感的同时，融入了一些尼泊尔艺术元素，整体保留了帕拉艺术之风。结合所有工艺特点和材料成分所看，此造像应为西藏地区制作。

# 19.黄财神像
Yellow Jambhala

12～13世纪　西藏西部

12～13th Century　Western Tibet

2010年香港古玩博览会，Kossi&Rossi惠让

高15厘米　重572克

黄铜　嵌银　嵌宝石

| 锑 | 锡 | 银 | 锌 | 铜 | 铁 | 铅 |
|---|---|---|---|---|---|---|
| 0.3 | 0.1 | 0 | 17 | 81 | 1.1 | 0.5 |

造像束发高髻，顶饰摩尼宝珠，耳后扇形冠结横出。面颊丰润，高鼻深目，眼睛嵌银，瞳孔居中。袒胸露腹，佩饰耳环、项圈、银质项链、手镯、臂钏和脚镯。下身着裙，仅用阴刻的双线表现裙纹，裙上嵌有菱形银饰，多处敲刻梅花点。左手握吐宝鼠，右手持宝瓶，右脚探踏宝瓶舒坐。梯形仰覆莲座造型高大，上下沿各饰联珠纹一周。莲瓣扁平舒展，对称分布。莲座下沿横置一排宝瓶，其下刻有精美的几何条纹及梅花点。造像比例协调，线条流畅，雕刻及装饰工艺技法娴熟。人物表情充满活力，但已不再注重表现黄财神短粗的四肢、肚大身小的体态特征，可见这一时期西藏西部地区在帕拉艺术模式上已开始渐渐形成本地多元化的艺术风貌。

释迦牟尼

释迦牟尼

文殊金刚

黄财神

右舒坐（绿度母）

财续佛母

早期波罗风格圆形莲座
（仰覆莲瓣错落分布）

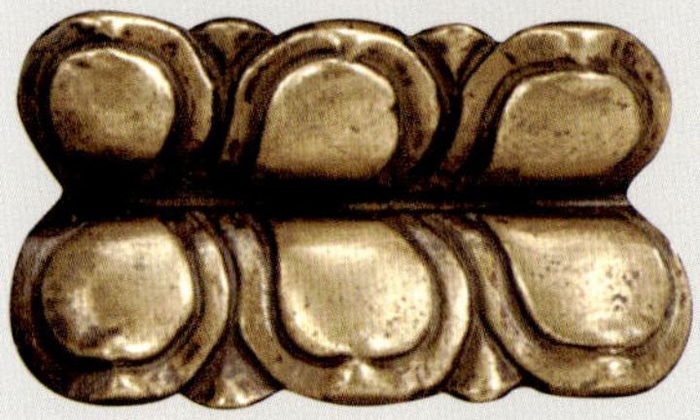
对称分布的波罗风格莲瓣

后期波罗风格莲座
（仰覆莲瓣错落分布）

梯形仰覆莲座上铺有象征金刚座石台座的坐垫

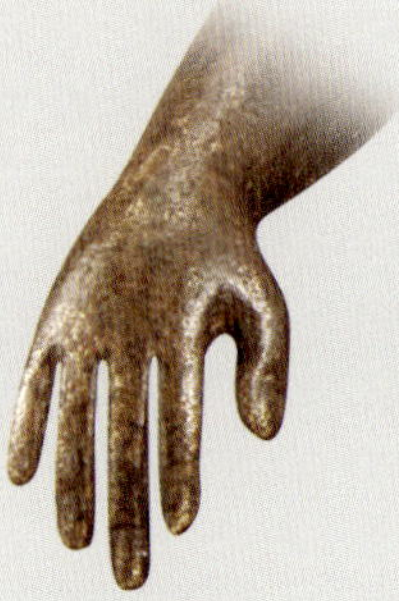
触地印

后期波罗风格莲座

# 尼泊尔风格造像

# Statues of Nepal Style

尼泊尔位于喜马拉雅山中段南麓，北与我国西藏接壤，是佛教传播和发展的重要地区之一。公元前3世纪，在印度孔雀王朝（约前320～185年）第三世阿育王的推广下，佛教在尼泊尔正式传播。公元4世纪末，信奉印度教的李查维人入侵尼泊尔，随后建立了李查维王朝（约400～879年）。从此，印度教在尼泊尔得到了发展，并与佛教密宗的一些思想相互吸收，形成了佛教与印度教并行发展、自由融合的一种文化形式。公元7世纪是尼泊尔艺术发展的鼎盛时期，佛教和佛教造像艺术正是在这一时期传入我国西藏。但在东北印度帕拉王朝（约750～1200年）建立后，尼泊尔最终于公元9世纪随着李查维王朝的终结被东北印度控制。从历史上看，尼泊尔本地艺术和佛教的发展一直受到东北印度的强烈影响，特别是后期帕拉风格对尼泊尔和西藏的造像艺术影响甚大。公元13世纪起，马拉王朝统治尼泊尔长达6个世纪之久，曾多次大力推广印度教，使其影响力远超佛教。至公元18世纪，印度教已在尼泊尔占据主导地位，并成为尼泊尔国教。

传统的尼泊尔艺术主要来自尼泊尔南部的加德满都河谷一带，封闭的地理环境使其没有受到过多的外来艺术的影响。世代居住于此地的纽瓦尔人在建筑、雕塑、绘画及铸造等方面十分擅长，他们拥有发达的炼铜技术，自李查维时期就已铸造红铜鎏金的佛像。这些造像从体型到装饰均带有纽尔瓦族自身的审美特色，雕刻技艺纯熟。我国西藏自吐蕃时期（约600～842年）开始受尼泊尔造像艺术的影响，这与松赞干布的尼泊尔妻子尺寸公主随嫁时带到西藏的佛像有关，为此松赞干布特在拉萨建了一座佛教寺庙来供奉这尊佛像。公元11世纪后，西藏大量兴建佛教寺院，鉴于佛教艺术的发展需求，众多纽瓦尔族及印度本土艺术家受邀入藏。公元12世纪后，东北印度帕拉王朝溃灭，佛教及佛教造像艺术在印度一同终结。此后，在西藏的纽瓦尔艺术家便成为佛教艺术的主要承载者，这是尼泊尔造像艺术成为西藏主流造像艺术的重要因素。元朝时，出自纽瓦尔族的尼泊尔艺术大师阿尼哥（约1245～1306年）最终将成熟的尼泊尔艺术带入我国汉地及皇家造像中。由此可见，尼泊尔艺术对我国西藏及汉地造像艺术所产生的巨大影响，这种持续性的影响力至我国清朝时仍然强劲。

尼泊尔造像以造型标准、做工精细著称于世。红铜铸造，铜质柔软细腻，造像底部采用包口的方式对底板加以固定。一般造像身无珠饰，手脚刻画柔软写实。立像着通肩式袈裟，坐像着右袒式袈裟，样式简洁，具薄透之感。从风格上看，主要继承了笈多时期马土腊（古印度北部地区）的萨尔那特风格。造像多呈和悦之相，额部较宽，下颌较窄。肩胸宽厚，四肢粗壮，颈短，腰细。大莲花座，深束腰，莲瓣饱满，对称分布。也有一些莲瓣造型宽大，扁平舒展，并以川字纹表示叶脉，这种形式唯尼泊尔特有。菩萨像腰肢细敛，躯体略微扭曲，强调腹部线条。头戴高耸的花冠，佩戴珠宝璎珞及钏镯等饰物。公元10～12世纪，尼泊尔本地造像艺术已达到鼎盛时期，造像风格清新朴实，人物造型充满活力，融入了世俗化的审美情趣，表现出鲜明的民族特色和地域特色。12世纪后，尼泊尔风格造像以其庄严神圣、形象自然、工艺纯熟的特点受到广泛推崇，满足了我国民众对佛教信仰的普遍需求。

本章节收录的造像包括尼泊尔本地造像、尼泊尔工匠在西藏制作的尼泊尔风格造像，以及西藏工匠在其本地制作的尼泊尔和清代仿早期尼泊尔风格造像。造像题材涉及佛、菩萨、度母及佛母，展现了尼泊尔风格造像在不同时期的各种表现形式。这些特点反映在造型比例、五官布局、体态特征、姿势标准，以及面部精细的描绘工艺上。尤其是公元13～14世纪的作品相对较多，对我国西藏、青海、甘肃、宁夏、内蒙古及内地的造像艺术影响深远。这一时期也是金铜佛像传承史上极为重要的阶段，造像艺术特点鲜明，崇尚力量感，同时具有强烈的立体感。清朝，我国西藏最为流行制作公元9～12世纪时期的尼泊尔风格造像，一般以佛、菩萨和佛母等类题材为主。这些作品面部五官端正，神态慈和宁静，身体结构匀称，衣饰简洁流畅。整体造型及装饰与早期尼泊尔造像极其相似，但在一些细微之处和工艺上已具有新的制作特点。

# 20.授记印释迦牟尼像

Vyakarana Mudra Shakyamuni

10～11世纪　尼泊尔

10～11th Century　Nepal

国内收购

高6.5厘米　重70克

红铜鎏金

| 锑 | 锡 | 银 | 锌 | 铜 | 铁 | 铅 |
|---|---|---|---|---|---|---|
| 0 | 0.27 | 0 | 1.81 | 93.61 | 0 | 4.31 |

造像略微右倾，左手执袈裟衣角施授记印，右手施与愿印，赤足立于素面圆台之上。头部浑圆，饰螺发，肉髻大而平缓，眉眼细长，白毫凸显。鼻翼较宽，下颚较窄，嘴唇丰厚。肩部宽阔，颈部较短，肌肉匀称，突出腹部线条，为早期尼泊尔造像特点。胸前联珠式项链珠粒饱满，下坠环形饰物，这种通过饰物盖住袈裟领口的工艺手法展现了尼泊尔的艺术特色。身着圆领通肩式袈裟，紧贴全身无衣纹，显露出平滑的躯体轮廓。身后衣摆飞舞，可见衣摆和袖口处施有双重边，以示佛像身着两层衣。10世纪初至12世纪末是尼泊尔造像艺术发展的鼎盛时期，造像铜质温润，鎏金苏黄，造型近似于9～10世纪尼泊尔风格的释迦牟尼授记像。

## 21.释迦牟尼像
Shakyamuni

13世纪　尼泊尔

13th Century　Nepal

苏黎世科勒2008年秋季拍卖会

高17厘米　重890克

红铜鎏金

| 锑 | 锡 | 银 | 锌 | 铜 | 铁 | 铅 |
|---|---|---|---|---|---|---|
| 0.1 | 0.1 | 0 | 0 | 95.5 | 1.5 | 2.8 |

造像头饰螺发，肉髻高显圆周，宝珠顶严。面部五官俊秀，双耳下垂，白毫凸显，下巴圆润。鼻梁直挺，眼睑低垂，神态静谧安详，具有浓郁的尼泊尔艺术风格。顶圆光外环饰火焰纹，内环饰单道联珠纹。上躯端正，双肩宽阔，胸部挺拔，腰部收束。身着右袒式袈裟，仅在胸部、袖口及袈裟下摆处表现衣纹。宽大的衣缘饰出四道衣纹的手法在传世造像中极为罕见，衣着厚重而贴体，显露出壮实的身体轮廓和饱满的肌肉线条。手脚刻划柔软，左手结禅定印，右手施触地印，跏趺端坐。下承四方形台座，为早期尼泊尔造像中常见的样式之一。原封底。

## 22.释迦牟尼像
Shakyamuni

13世纪　尼泊尔

13th Century　Nepal

国内收购

高14厘米　重892克

红铜鎏金　局部泥金彩绘

| 锑 | 锡 | 银 | 锌 | 铜 | 铁 | 铅 |
|---|---|---|---|---|---|---|
| 0 | 0 | 0 | 0 | 100 | 0 | 0 |

造像由纯铜铸造，存世罕见。头饰螺发，肉髻高隆，宝珠顶严。额部宽广，双眼细长，桃形白毫，勾鼻小嘴。其面部特点主要表现在五官较其他造像更为紧凑，眼睑更为低垂。造像肩臂圆滑，身着右袒式袈裟，紧贴全身，左肩覆搭衣角，扇形纹褶流畅自然。仅以两道联珠纹饰出衣缘，纹饰錾刻精美，为典型的早期萨尔纳特式表现手法。左手结禅定印，右手施触地印，跏趺端坐。梯形仰覆莲座束腰深，仅在上沿饰小联珠纹一周。莲瓣圆润饱满，对称分布。原封底，底盖上刻有十字金刚杵图案。造像金色自然磨蚀，面部泥金和涂彩完好无损，为尼泊尔风格造像之标准器。

## 23.释迦牟尼像
Shakyamuni

14～15世纪　西藏

14～15th Century　Tibet

北京翰海2010年春季拍卖会

高40厘米　重7070克

黄铜鎏金　局部泥金彩绘

| 锑 | 锡 | 银 | 锌 | 铜 | 铁 | 铅 |
|---|---|---|---|---|---|---|
| 0 | 0.9 | 0 | 12.6 | 79.3 | 0.2 | 7 |

造像左手置脐前结禅定印，右手抚膝施触地印，跏趺端坐。这种形象展示了释迦牟尼在经历无数磨难后终于成道时的生动情景，为标准的释迦牟尼成道像。头饰螺发，肉髻高隆，宝珠顶严。五官端正，直鼻高挺，樱桃小口，双目垂俯。双眉略弯曲，眼窝不够深陷，鼻子不呈钩状，这些特征均说明这一时期的造像已受到汉地审美观念的影响。躯体健硕，胸部挺拔，肌肉饱满。身着右袒式袈裟，紧贴全身，衣纹线条简洁流畅，左肩覆搭衣角。采用典型的早期萨尔纳特式表现手法，仅以两道联珠纹饰出衣缘，其间纹饰錾刻精美。手脚刻划柔软写实，肌肤极具质感，充分体现了尼泊尔艺术特点。束腰式梯形仰覆莲座造型宽大，上下沿各饰联珠纹。莲瓣饱满，瓣尖弯卷，对称分布。原封底，封底盖上刻有十字金刚杵图案。虽然这一时期的造像依然建立在早已成熟的尼泊尔艺术风格之上，但在体貌细节和莲座特征上已带有汉地和西藏造像艺术元素，说明了这一时期多种文化交融的艺术发展趋势。

# 24.阿閦佛像
Akshobhya

13世纪　西藏

13th Century　Tibet

国内收购

高24厘米　重3160克

红铜鎏金　嵌宝石　局部彩绘

| 锑 | 锡 | 银 | 锌 | 铜 | 铁 | 铅 |
|---|---|---|---|---|---|---|
| 0 | 0 | 0 | 7.9 | 92 | 0.1 | 0 |

阿閦佛是佛教密宗崇奉的五方佛之一，亦称“不动佛”或“不动如来”。五方佛作为佛教密宗供奉的主尊，分别代表中、南、东、西、北正方。阿閦佛信仰起源于大乘佛教早期，但在汉传佛教中的影响力较小，这与显教经典中很少记载这类佛像的文化背景有关。

造像头戴宝冠，螺发规整，肉髻高隆，宝珠顶严。这一时期的佛冠叶饰普遍较小，耳上常饰花形冠结，宝缯自然垂落。面相浑圆，额部宽广，大耳垂肩，饰桃形白毫。五官端正，纤眉细目，眼睑低垂，勾鼻小嘴。身体圆浑，脖颈较短，小腹略收。身着右袒式袈裟，紧贴全身，衣纹线条简洁流畅。左肩覆搭衣角，扇形纹褶流畅自然。仅以两道联珠纹饰出衣缘，其间纹饰錾刻精美，为典型的早期萨尔纳特式表现手法。左手结禅定印，右手施触地印，跏趺端坐。仰覆莲座束腰深，座面横置金刚杵，这是阿閦佛的重要标识。莲座上下沿各饰联珠纹一周，莲瓣秀美挺拔，对称分布。造像端庄，雕工精湛，在尼泊尔成熟期的艺术风格上融入了更多力量感。

# 25.阿閦佛像
## Akshobhya

12～13世纪　尼泊尔

12～13th Century　Nepal

国内收购

高27.2厘米　重4580克

红铜鎏金　嵌宝石　局部彩绘

| 锑 | 锡 | 银 | 锌 | 铜 | 铁 | 铅 |
|---|---|---|---|---|---|---|
| 0 | 0.3 | 0 | 0.5 | 96.9 | 0.1 | 2.2 |

造像头戴宝冠，螺发规整，肉髻高隆，宝珠顶严。佛冠叶饰较小，耳上饰花形冠结，宝缯自然垂落。面相浑圆，额部宽广，大耳垂肩，饰桃形白毫。五官端正，纤眉细目，眼睑低垂，勾鼻小嘴。身体圆浑，脖颈较短，肌肉饱满，小腹略收。身着右袒式袈裟，紧贴全身，衣纹线条简洁流畅。左肩覆搭衣角，扇形纹褶自然流畅。仅以两道联珠纹饰出衣缘，其间纹饰錾刻精美。采用了早期萨尔纳特式表现手法。手脚刻划柔软写实，左手结禅定印，右手施触地印，跏趺端坐。梯形仰覆莲座束腰深，上下沿各饰联珠纹。莲瓣形似葵花籽，细长饱满，对称分布。原封底，其盖上刻有金刚杵图案。造像整体造型舒展流畅，气势恢弘，神态威严庄重，为元代尼泊尔风格造像之标准器。

# 26.文殊菩萨像
Manjushri Bodhisattva

13～14世纪　西藏

13～14th Century　Tibet

国内收购

高9.5厘米　重270克

红铜鎏金

| 锑 | 锡 | 银 | 锌 | 铜 | 铁 | 铅 |
|---|---|---|---|---|---|---|
| 0 | 0.9 | 0 | 0 | 99.1 | 0 | 0 |

造像左手持经箧，右手擎宝剑，跏趺端坐。头戴三花冠，冠结样式别致，与耳际处的宝缯同时上扬，样式新颖。面相方圆，粗眉大眼，厚唇高鼻，特别是对眼珠的刻划尤为写实。额部中央饰有弯月，寓意文殊菩萨体具有阳性的方法和慈悲。上身袒露，两肩帔帛自然垂于体侧。佩饰珠宝项链、长链、手镯、臂钏和脚镯。下身着裙，仅用阴线饰出裙纹，其间纹饰錾刻精美。梯形单层莲座底部边沿空白区域较高，这种结构的设计源于帕拉造像艺术。莲座背部铸空两个莲瓣大小的区域用来插入背光，同时利用上下沿完整的两周联珠纹倚住背光。这种巧妙的设计显示出当时工匠的精湛铸造技法。原封底，其盖上刻有十字金刚杵图案。身后配有帕拉式拱门形背光，内外环分饰单道联珠纹，背光外缘的莲花纹饰符合文殊菩萨的神祇。造像体态优美，在以尼泊尔艺术为主、帕拉艺术为辅的基础上，娴熟地运用了西藏铸造技法，是一件精美的多重造像艺术融合之作。

## 27.弥勒菩萨像
Maitreya Bodhisattva

10～11世纪　尼泊尔

10～11th Century　Nepal

国内收购

高16.5厘米　重600克

红铜鎏金　局部泥金彩绘

| 锑 | 锡 | 银 | 锌 | 铜 | 铁 | 铅 |
|---|---|---|---|---|---|---|
| 0.1 | 0.5 | 0 | 0 | 99.3 | 0 | 0.1 |

造像重心落于一侧，呈三折枝式矗立。束发高盘，头戴三花冠，正中饰一舍利塔，佩饰大耳环。额部较宽，直鼻高挺，容貌娟秀。细眉高挑，双眼修长俯视。上身袒露，肩臂圆润，佩饰项链、手镯和臂钏。项链下坠三花瓣，手臂上的花形钏饰位置较为靠上。腰肢纤细，绸裙紧紧贴住双腿，这种裙式在当时十分流行。此外腿间结垂的束带与腰带形成丁字形的装饰特点也常用于立姿的菩萨造像。通常立姿菩萨像臀部会斜束一条飘垂于体侧的丝带，而此像的丝带则束于后肩，自然向体侧飘垂，质地轻柔，形制宽大。左手下持甘露瓶，肩头绽放乌巴拉花，右手前伸作说法印。单层莲座上沿刻划阴线，底部边沿落地，桃形莲瓣扁平舒展。造像线条优美，展现这一时期尼泊尔造像艺术的特有风貌。

## 28. 金刚萨埵像
Vajrasattva

13～14世纪　西藏

13～14th Century　Tibet

北京匡时2006年春季拍卖会

高16.5厘米　重1030克

红铜鎏金　嵌宝石　局部彩绘

| 锑 | 锡 | 银 | 锌 | 铜 | 铁 | 铅 |
|---|---|---|---|---|---|---|
| 0 | 0 | 0 | 0 | 98 | 2 | 0 |

金刚萨埵常被称为“金刚持”或“金刚总持”，其性坚固如金刚，为一切众生菩心本体，亦可称为“金刚心菩萨”。金刚萨埵与显教中的普贤菩萨同体异名，在密教中备受推崇。佛教中的五方佛即代表五位金刚持尊者，金刚萨埵则为第六金刚持尊者。此外，他的百字明咒十分著名，得到了广泛的持诵。

造像头戴五叶花冠，束发高髻，顶饰半杵，两绺余发垂搭双肩。冠叶正中的宝相花左右各出一茎向上呈弯月形，这种样式为14～16世纪西藏造像的典型冠式。冠沿饰两排联珠纹，耳上扇形冠带横出，宝缯自然上扬。额部宽广，五官端正，眉眼细长，白毫凸显。纤眉细目，眼睑低垂，鼻口集中，神态怡然。上身袒露，佩饰耳珰、珠宝项链、长珠链、手镯、臂钏和脚镯。下身着裙，轻薄贴身，腰系珠宝丝带。左手持金刚铃，右手持金刚杵，跏趺端坐。梯形仰覆莲座造型宽大，上下沿各饰联珠纹一周。莲瓣对称分布。原封底，封底盖上刻有十字金刚杵图案。造像整体造型舒展流畅，装饰华丽，以娴熟的技法展现了男相为菩萨装扮的雕塑之美。

## 29.绿度母像
Green Tara

14世纪　西藏

14th Century　Tibet

国内收购

高17厘米　重1285克

黄铜鎏金　嵌宝石　局部彩绘

| 锑 | 锡 | 银 | 锌 | 铜 | 铁 | 铅 |
|---|---|---|---|---|---|---|
| 0 | 0.2 | 0 | 5 | 82.8 | 0.1 | 11.9 |

造像头戴花冠，束发高盘，冠前饰兽首。面容娟秀，弯眉细目，眼睑低垂，饰竖状白毫。直鼻高挺，唇角带笑。上身袒露，双乳圆隆，两茎莲花齐肩绽放，帛带轻搭左臂自然垂落。佩饰耳珰、项链、珠宝璎珞、手镯、臂钏和脚镯。下身着裙，薄透贴体，纹饰鍪刻精美。腰间束带造型别致，中间饰璎珞装饰，尾端结系自然垂落。三折枝式坐姿，左手结三宝印，右手施与愿印，右足踏莲舒坐。束腰式梯形仰覆莲座上沿饰联珠纹，底部边沿外撇。莲瓣细长饱满，对称分布。造像铜质中含有大量的铅，以用来提高铜液的流动性和填充铸造过程中形成的气孔等缺陷，从而提高铸造质量。同时，也会直接影响佛像的鎏金效果，金的附着力会明显减弱。

## 30. 白度母像
White Tara

17世纪　西藏

$17^{th}$ Century　Tibet

国内收购

高14.5厘米　重1070克

红铜鎏金　局部彩绘

| 锑 | 锡 | 银 | 锌 | 铜 | 铁 | 铅 |
|---|---|---|---|---|---|---|
| 0 | 1 | 0 | 3.5 | 94.8 | 0 | 0.7 |

度母是密教重要的崇奉对象，尤其在尼泊尔地区备受尊崇。其中，白度母和绿度母在所有度母中最受推崇。白度母因身为白色而得名，又因身具七眼（双眼，额头、双手、双足各一眼），因此亦称“七眼佛母”。传说“七眼”能照见一切瘟疫疾病的缘起，从而消除病因灾劫，增长寿命及福慧，此类题材造像深受蒙藏人民喜爱。

造像头戴花冠，发髻卷盘，额部发丝精美。耳饰大圆环，耳际处宝缯上扬，余发束绺垂搭双肩。面容端丽，修眉细目，眼睑低垂，表情沉静。身材匀称，双乳圆隆，腰肢细敛。上身袒露，下身着裙，腰间束带，纹褶简洁流畅。佩饰项链、珠宝璎珞、手镯、臂钏和脚镯，整体装饰精巧别致。左肩莲花绽放，两肩帔帛绕臂自然垂落，尾端呈祥云状卷拂于体侧。左手结三宝印，右手施与愿印，跏趺端坐。仰覆莲座束腰深，仅在上沿饰联珠纹一周。莲瓣细长饱满，对称分布。造像工艺精湛，金色饱满悦目，为清代尼泊尔造像艺术精品。

## 31.药师佛像
Bhaisajya-guru-vaidurya-prabhasa

17世纪　西藏

17th Century　Tibet

国内收购

高24厘米　重1838克

红铜鎏金　局部泥金彩绘

| 锑 | 锡 | 银 | 锌 | 铜 | 铁 | 铅 |
|---|---|---|---|---|---|---|
| 0.1 | 0.1 | 0 | 0 | 99.8 | 0 | 0 |

药师佛于过去世行菩萨道时，曾发十二大愿，愿为众生解除疾苦。其艺术造型为左手于脐前托钵，钵内所盛甘露可治百病；右手作施胜印执一株药草，或执药器（又作“无价珠”或“诃子”）。

清代，在我国西藏非常流行公元9～12世纪尼泊尔造像风格，题材以佛、菩萨和佛母为主。造像通常胎体厚重，面相俊朗，神韵生动，身材匀称，衣饰简洁。造像头饰螺发，肉髻高隆，宝珠顶严。面相俊秀，眉眼细长，高鼻薄唇，眼睑微垂。大耳垂肩。上身端正，肩胸宽厚，腰部紧收。身着右袒式袈裟，左肩覆搭衣角，仅用两道阴线饰出衣缘，衣纹流走自然，腿间裙褶自然铺于座面上。左手结禅定印托药钵，右手作施胜印执一株药草，跏趺端坐。单层莲座上沿饰联珠纹，莲瓣舒展。下承四方形台座，身后顶圆光与举身光相连，雕工精细。造像整体与早期尼泊尔造像相似，但在一些工艺手法和造型细节上已完全具有新的制作工艺。

## 32.妙音佛母像
Sarasvati

17世纪　西藏

17th Century　Tibet

中拍国际2005年首届艺术珍藏拍卖会

高18.5厘米　重2050克

黄铜鎏金 局部泥金彩绘

| 锑 | 锡 | 银 | 锌 | 铜 | 铁 | 铅 |
|---|---|---|---|---|---|---|
| 0 | 2.2 | 0 | 4.9 | 92.8 | 0 | 0.1 |

妙音佛母是一位示现女相的智慧本尊，亦可称为“妙音天女”，是藏传佛教中的智慧和文艺女神。佛母身体微倾，怀抱寻香天女千丝琵琶（已佚），左手按弦，右手弹拨。因此，妙音佛母也常被认为是音乐女神。

造像头戴珠宝花冠，发髻高盘，余发束绺垂搭双肩。面相文静，头微垂，目下视，神情专注，凝神弦歌。耳饰圆环，耳际处攒花，佩饰项圈、项链、臂钏和手镯。身着丽质天衣，纹饰錾刻精美，呈现出高贵典雅的艺术气象。腰间束带质地厚重，双腿散盘舒坐。圆形仰覆莲座束腰，覆莲底部不再直接落地，与传统的尼泊尔样式有所不同。莲瓣宽大扁平，紧贴座壁，用莲瓣上的川字纹表示叶脉是流行于尼泊尔李查维时代中后期的样式。造像整体造型及装饰风范均与早期尼泊尔造像相似，面形长圆，体态优美，神韵生动，雕工精湛，为我国清代早期仿古风格中的精品。

阿閦佛

金刚萨埵

弥勒菩萨

说法印

深束腰式仰覆莲座

阿閦佛

药师佛

清代尼泊尔风格深束腰式仰覆莲座

单层覆式莲座（施桃形莲瓣）

施胜印

释迦牟尼

与愿印

梯形仰覆莲座（施葵花籽形莲瓣）

清代尼泊尔风格圆形莲座
（莲瓣施川字纹）

释迦牟尼

授记印释迦牟尼

梯形仰覆莲座（莲瓣圆鼓）

# 西藏西部造像

# Statues of Western Tibet

古代西藏西部地区包括阿里地区和拉达克地区。阿里曾由象雄王国统治，除吐蕃时期（约600～842年）外，该地区在政治上较独立于卫藏（即：前藏和后藏）。拉达克位于喀什米尔东南部，是藏族人民的居住区之一，现由印度控制。西藏西部地区的佛教及佛教艺术发展主要始于公元978年开始的佛教后弘期，当时统治这一地区的古格政权（古格王国）弘扬佛教，使佛教在吐蕃王朝（600～842年）溃灭之后重新得以发展，并最终达到鼎盛。由于当时西北印度喀什米尔造像艺术对西喜马拉雅的影响最为强烈，因此，西藏西部地区造像风格的最初形成及所用材质主要受喀什米尔的影响，同时也受到一些周边地区正在盛行的传统艺术风格的启发。

公元10～12世纪，东北印度帕拉风格随着金刚乘佛教广泛传播的影响也曾传入西藏西部地区。而尼泊尔艺术自吐蕃佛教前弘期传入西藏后，尼泊尔工匠在卫藏活动十分频繁。随着后弘期西藏佛教活动的扩展，一些在卫藏（前藏和后藏）的尼泊尔工匠也曾受雇于西藏西部地区帮助造像。公元12世纪后，印度的佛教及佛教艺术随着帕拉王朝的溃灭而在印度本土终结，从而减弱了对西藏西部的影响。此后，尼泊尔艺术对西藏造像艺术的影响逐渐增多。由此可见，西藏西部造像艺术在整个发展过程中与西北印度、东北印度和尼泊尔等外来艺术风格不断相互结合，约在公元13世纪逐渐形成了本地独特的多元化艺术风格。造像多呈寂静形，题材以当时西北印度、东北印度及尼泊尔流行的各种佛、菩萨、度母及护法为主，也有一些题材涉及到著名高僧和修行大师。造像材质均为黄铜，色泽细腻光亮，胎质轻薄，不鎏金。

本章节收录的造像大多为拉达克地区制作，盛行于公元13～14世纪，常见造型有跏趺坐、游戏坐和立姿。此类造像在造型结构、体貌特征和镶嵌工艺等方面均带有鲜明的艺术特点，堪称是喜马拉雅造像艺术体系中的一枝奇葩。一般造像身材较为单薄，体态略显轻盈，五官清晰突出，眼睑极为低垂。佛装造像身无饰物，头饰螺发，肉髻高隆，宝珠顶严。身着右袒式袈裟，采用萨尔纳特式表现手法处理衣纹，样式简洁。菩萨装造像通常高盘发髻，且在发髻正面刻划对称的平行线或斜线表示发丝，以此来展示头发盘起之后的整齐样式。头饰一般由发髻冠和花冠组成，造型高大扁薄，具轻盈剔透之感。发髻冠顶部饰火焰状宝珠，花冠为三叶冠或五叶冠，冠叶之间以粗铜线连接，这是达拉克造像艺术成熟期的显著标志。三叶冠的中间花叶左右各出一茎向上呈弯月形，耳际处可见呈U形翻卷的束冠缯带，耳上方有冠结横出，或有缯带束成花状。耳环很大，环下垂有飘带装饰，形似披搭在双肩上的两绺余发。上身袒露，下身着贴体绸裙，在衣纹处理上与佛装造像所用手法大致相同。帔帛形似身光，由耳际处呈环形绕至肘部，尾端轻轻搭在两腿外侧。这种帔帛的样式设计应着眼于造像整体比例的视觉效果，与高大而宽扁的复杂头饰显得更为协调。周身饰物繁缛华丽，佩饰联珠项链和圈带状项圈，联珠式长链由两乳内侧垂至肚脐上方，特别是胸前的三角状花形饰物最为突出。四肢佩戴钏镯，手臂上有花形饰物，样式精美，工艺精细。其他菩萨装造像在造型和装饰上会根据造像的内容需要与佛装造像存有一些不同之处，有时还会按照当地民众的装束及体貌特征进行塑造。

镶嵌工艺是西藏西部拉达克造像艺术特色之一。通常在佛像眉间嵌银质白毫、或嵌东珠，眼部嵌银、或嵌红铜，有时还会嵌入黑色琉璃珠以示瞳孔。普遍看来，造像的胸饰、钏饰及衣缘等处常用银和红铜装饰，而对唇部和指甲仅采用嵌红铜的技法，并将指节纹路刻划得十分清晰、写实。莲座造型一般为束腰式，正面呈梯形，施仰覆莲瓣。莲瓣宽肥圆扁，光素无纹，对称分布，瓣尖向外略微卷起。由于莲瓣形制较大，一般莲座正面仅能排列5～7个莲瓣。莲座底部边沿大多外撇，采用包底的方式进行封底。

以上特征说明外来艺术仅在表现形式、工艺手法及题材等方面影响着西藏西部地区，但在造像的面部结构、身材比例和装饰细节等方面均展现出本土化的民族审美情趣。薄胎造像对材质、刀工、镶嵌及整体铸造的水平要求很高，这是西藏西部造像艺术魅力之重要体现。

## 33.释迦牟尼像
## Shakyamuni

13～14世纪　西藏西部

13～14th Century　Western Tibet

北京翰海2008年春季拍卖会

高21厘米　重1500克

黄铜　嵌银　嵌红铜　局部彩绘

| 锑 | 锡 | 银 | 锌 | 铜 | 铁 | 铅 |
| --- | --- | --- | --- | --- | --- | --- |
| 0 | 0.8 | 0 | 20.5 | 72.7 | 0 | 6 |

造像头饰螺发，肉髻高隆，宝珠顶严。额部宽平，白毫凸显，长眉细目，眼睑低垂。眼睛嵌银、眼角嵌红铜的工艺手法源于喀什米尔，但在唇部、手脚指甲等处嵌入红铜，则标志着这一时期拉达克在外来艺术模式的基础上已逐渐形成了自己的艺术风格。上身端正，肩臂圆滑，胸部挺拔，腰部收束。身着右袒式袈裟，左肩覆搭衣角，采用萨尔纳特式手法表现衣纹，所有衣缘嵌银。指节纹路刻划清晰，左手结禅定印，右手施触地印，跏趺端坐。梯形莲座束腰不深，上沿饰小联珠纹，下沿连珠颗粒圆浑。莲瓣饱满，端部上卷，对称分布，排列舒展。原封底，底盖上刻有十字金刚杵图案。造像整体造型端庄，身材比例匀称，胎壁轻盈润泽，镶嵌工艺精湛，展现了拉达克造像艺术成熟期的鲜明特征。

## 34.释迦牟尼像
Shakyamuni

13～14世纪　西藏西部

13～14th Century　Western Tibet

天津文物2011年秋季拍卖会

高17厘米　重780克

黄铜　嵌银　嵌红铜　局部泥金彩绘

| 锑 | 锡 | 砷 | 镍 | 锌 | 铜 | 铁 | 铅 |
|---|---|---|---|---|---|---|---|
| 0.9 | 2.2 | 4.9 | 0.1 | 13.1 | 75.7 | 0.3 | 2.8 |

造像面部施以泥金，衣缘嵌有红铜，纹饰錾刻精美。莲座造型宽大，上下沿均饰同样大小的联珠纹，莲瓣宽肥饱满。除此之外，所有工艺特征与图版33造像相同，展现了拉达克造像艺术成熟期的鲜明特征。

## 35.释迦牟尼像
Shakyamuni

14世纪　西藏西部

14th Century　Western Tibet

北京翰海十五周年庆典拍卖会

高25厘米　重1885克

黄铜　嵌银　嵌红铜　嵌宝石

| 锑 | 锡 | 银 | 锌 | 铜 | 铁 | 铅 |
|---|---|---|---|---|---|---|
| 0.1 | 2.5 | 0 | 15.4 | 78.8 | 1 | 2.2 |

造像头饰螺发，肉髻高隆，宝珠顶严。面相圆润，额部宽平，双眉纤细，白毫镶嵌东珠。眼睑低垂，鼻翼外张，双唇微启，神态祥和。眼睛嵌银、眼角嵌红铜，唇部、手脚指甲等处嵌入红铜。上身端正，肩臂圆滑，胸部挺拔，腰部收束。身着右袒式袈裟，左肩覆搭衣角，衣纹线条简洁硬朗，衣缘纹饰錾刻精美。指节纹路刻划清晰，左手结禅定印，右手施触地印，跏趺端坐。束腰式梯形仰覆莲座造型高大，上下沿各饰联珠纹一周，座面横置金刚杵，下沿刻精美的缠花枝卉纹。莲瓣细长饱满，对称分布，排列规整。造像身材比例匀称，雕工及镶嵌工艺精湛，铜质色泽沉稳，为西藏西部造像艺术精美之作。

## 36.宝冠释迦牟尼像
## Crowned Shakyamuni

13世纪　西藏西部

13th Century　Western Tibet

北京翰海2010年秋季拍卖会

高35.5厘米　重3420克

**黄铜　嵌银　嵌宝石　局部彩绘**

| 锑 | 锡 | 银 | 锌 | 铜 | 铁 | 铅 |
| --- | --- | --- | --- | --- | --- | --- |
| 0.58 | 1.63 | 0 | 16.8 | 70.52 | 0.51 | 9.96 |

公元13～15世纪，喀什米尔、尼泊尔及西藏等地流行制作头戴宝冠的佛像，常见题材主要以释迦牟尼和阿弥陀佛为主。此类造像一身菩萨装扮，一些装饰之处嵌有宝石。造像头戴花冠，结高发髻，顶饰火焰状宝珠。冠叶高大，其间有粗铜线横向相连，为拉达克造像艺术的显著标志。耳上饰两朵小花，宝缯呈U形自然上扬，这种装饰风格受到了同期尼泊尔造像艺术的影响，但整体样式已产生了艺术性变化。面相削瘦，额部宽广，眼睛嵌银，下颚稍尖。身材清瘦，圆形帔帛形似身光，两根细铜线与身体相连，尾端飘垂于体侧，此种样式在13～15世纪十分流行。下身着裙，薄透贴体，裙缘纹饰錾刻精美。佩饰耳珰、项圈、以及双环式项链、手镯、臂钏和脚镯，胸前和手臂有花形饰物。左手结禅定印，右手施触地印，跏趺端坐。束腰式梯形仰覆莲座上沿饰精密的联珠纹，下沿联珠颗粒较大，形制略方，为早期西藏西部地区造像特色之一。莲瓣饱满，光素无纹，对称分布，排列规整。原封底。造像端庄，胎壁轻盈，铜色细润，铸工精湛，为拉达克造像艺术成熟期之代表作。

## 37.阿弥陀佛像
Amitabha

13世纪　西藏西部

13th Century　Western Tibet

国内收购

高40厘米　重3380克

黄铜　嵌银　嵌红铜　嵌宝石

| 锑 | 锡 | 银 | 锌 | 铜 | 铁 | 铅 |
|---|---|---|---|---|---|---|
| 0 | 0.5 | 0 | 17.2 | 79.6 | 0.4 | 2.3 |

阿弥陀佛造像于公元4世纪中土地区发展起来的。阿弥陀佛被认为是西方极乐世界的教主，与观音菩萨、大势至菩萨合称“西方三圣”，备受显教和密教尊崇。

造像头戴花冠，结高发髻。冠叶高大，其间有粗铜线横向相连。冠沿饰两排联珠纹，其间纹饰錾刻精美。耳上饰两朵小花，耳际处宝缯呈U形自然上扬。面相削瘦，额部宽广，眉眼细长，下颚稍尖。身材清瘦，圆形帔帛形似背光，两根粗铜线与身体相连，尾端飘垂于体侧。下身着裙，薄透贴体，无纹饰。周身饰物精美，耳挂大圆珰，项戴银质项圈，尤其是胸前垂挂的三环式长链，以及三环式手镯和臂钏的样式极具地域性装饰色彩。除此之外，造像胸前和手臂还有花形饰物。手脚刻划柔软写实，双手结禅定印，跏趺端坐。束腰式梯形仰覆莲座上沿饰精密的联珠纹，下沿联珠颗粒较大，形制略方，为早期藏西地区造像特色之一。莲瓣饱满，光素无纹，对称分布。原封底。造像整体舒展流畅，装饰精美大方，工艺特征鲜明，为拉达克造像艺术成熟期之代表作。

# 38.宝生佛像
Ratnasambhava

13世纪　西藏西部

13th Century　Western Tibet

苏黎世科勒2008年秋季拍卖会

高32厘米　重1960克

黄铜　局部泥金彩绘

| 锑 | 锡 | 银 | 锌 | 铜 | 铁 | 铅 |
|---|---|---|---|---|---|---|
| 0 | 0.1 | 0 | 22.4 | 69.6 | 0.1 | 7.8 |

宝生佛是佛教密宗崇奉的五方佛之一，又可称为“南方宝幢佛”或“南方宝相佛”。五方佛作为佛教密宗供奉的主尊，分别代表中、南、东、西、北正方。正中方毗卢遮那佛、南方宝相佛、东方阿閦佛、西方阿弥陀佛和北方不空成就佛。通常情况下，宝生佛常与其他四方佛一起出现，单独出现的很少，形象为左手结禅定印，右手施与愿印，跏趺端坐。我国汉地很少供奉此类佛像，这与显教经典中很少记载这类佛像的文化背景有关。

造像结高发髻，头饰由花冠和发髻冠组成。发冠束于头顶中央，饰于头部外沿，冠叶间有细铜线相连。面颊圆腴，白毫凸显，眉眼细长，双目垂俯。耳挂大圆环，耳际处宝缯自然上扬。身材略显清瘦，圆形帔帛形似背光，尾端分别垂于体侧。上身袒露，佩饰项圈、项链、手镯、臂钏和脚镯，胸前和手臂有花形饰物。下身着裙，薄透贴体，仅在裙缘錾刻几何纹饰。手脚刻划柔软写实，指节纹路刻划清晰。左手结禅定印，右手施与愿印，跏趺端坐。梯形仰覆莲座束腰不深，仅在上沿饰小联珠纹，莲瓣饱满，光素无纹，对称分布。造像铸工精湛，铜色光亮润泽，局部做工精细，拉达克造像艺术成熟期之代表作。

## 39.四臂观音像
## Four-armed Avalokitesvara

13世纪　西藏西部

13th Century　Western Tibet

2011年美国回流

高38.5厘米　重4016克

黄铜　嵌银　嵌红铜　嵌宝石　局部彩绘

| 锑 | 锡 | 银 | 锌 | 铜 | 铁 | 铅 |
|---|---|---|---|---|---|---|
| 0.1 | 1.25 | 0 | 16.2 | 76.6 | 0.5 | 5.35 |

四臂观音是藏传佛教密宗本尊之一，与文殊菩萨和金刚手菩萨合称“三族姓尊”，代表大悲、大智、大力。四臂观音不仅是民间寺院供奉的主尊佛像，更是明清宫廷崇奉的藏传佛教重要神祇。

造像风格古朴典雅，法相庄严优美。主臂双手中指分别戴菱形戒指，嵌有银质圆形饰物。足心现银质千辐轮宝，为足下二轮相，又作“千辐轮相”。此相不仅现于足底，亦可见于此像之上二手。

造像头戴花冠，结高发髻，顶饰摩尼宝珠。冠叶高大，其间有细铜线横向相连。耳上饰两朵小花，宝缯呈U形自然上扬。开脸精美，额部宽平，下颌圆润，五官端正。眉眼细长，白毫凸显，眼部嵌银，面带微笑。身材匀称，帔帛上部形似背光，尾端分别垂于体侧。下身着裙，薄透贴体，纹饰錾刻精美。佩饰耳珰、项圈、以及双环式项链、手镯、臂钏和脚镯，胸前和手臂有花形饰物。周身装饰之处除嵌有各种宝石，多处嵌银、嵌红铜，极为华丽。腰带上的银质花形装饰别具特色，在传世的造像中难得一见。主臂双手胸前合掌，左上手持莲花，右上手持念珠，跏趺端坐。束腰式梯形仰覆莲座，上下沿均饰联珠纹，莲瓣饱满，光素无纹，对称分布。造像胎壁轻盈，铜色细润，铸工精湛。原封底。

## 40.绿度母像
Green Tara

13世纪　西藏西部

13th Century　Western Tibet

国内收购

高14.7厘米　重490克

黄铜　嵌银　嵌红铜　嵌宝石

| 锑 | 锡 | 银 | 锌 | 铜 | 铁 | 铅 |
|---|---|---|---|---|---|---|
| 0.1 | 2.9 | 0 | 17.5 | 74.4 | 0.6 | 4.5 |

造像头戴小三叶冠，发丝清晰，发链精美。耳上饰两朵小花，肩后长发末端卷曲。面容娟秀，弯眉细目，眼睑低垂，饰竖状银质白毫。眼睛嵌银，鼻直，双唇含笑。上身袒露，双乳圆隆，佩饰三环式项链、长链、臂钏及四环式手镯，样式精美。两茎莲花特征明显，左肩莲花未开，呈花苞状；右肩莲花绽开，呈即将凋谢状。花苞、半开和盛开将谢的莲花分别象征代表过去、现在和未来的三世诸佛，寓意救度十方众生。下身着裙，腰间束带嵌有红铜，裙褶线条简洁硬朗，裙上施有梅花点，采用了帕拉风格造像惯用的装饰手法。坐姿为典型的三折枝式，左手结三宝印，右手施与愿印，掌心有日轮。束腰式梯形仰覆莲座造型高大，底部边沿外撇，莲瓣饱满，光素无纹，对称分布。原封底，封底盖上刻有十字金刚杵图案。造像整体造型优美大方，胎壁轻盈，雕工精湛，装饰精美，代表了这一时期拉达克造像艺术的最高水准。

## 41.不动明王像
## Acalanatha

14世纪　西藏西部

14th Century　Western Tibet

纽约佳士得2009年春季拍卖会

高17厘米　重810克

黄铜　嵌银　嵌红铜　嵌宝石　局部彩绘

| 锑 | 锡 | 银 | 锌 | 铜 | 铁 | 铅 |
|---|---|---|---|---|---|---|
| 0.2 | 2.6 | 0 | 18.7 | 74.2 | 1.1 | 3.2 |

传世的同类题材造像多为帕拉风格。公元13世纪后，藏西地区的造像艺术发展迅速，已逐渐脱离外来艺术的传统模式，从多方面展现出当地造像艺术的鲜明特点。

造像赤发上束，头戴三花冠和发髻冠，这种组合冠式源于帕拉风格，但在形制上已有所改变。冠沿饰两排联珠纹，其间錾刻纹饰，其样式在这一时期十分流行。面相方阔，怒目圆睁，獠牙外露，忿怒相。上身袒露，躯体丰满圆实，颇具元代造像韵味。两肩帔帛飘拂于体侧，与耳后的宝缯造型近乎相同，带有晚期帕拉造像艺术遗风。周身饰物华丽，双环式项链和手镯极具地域性装饰色彩，其余之处如手腕、脚踝及赤发中均以蛇为饰。腹部圆鼓，腰系虎皮裙，左则垂挂人头，腰间束带结垂腿间。左手执绢索，右手擎宝剑，脚踏象鼻天神，左展姿。束腰式梯形仰覆莲座上下沿均饰联珠纹一周，莲瓣细长饱满，对称分布。原封底，封底盖上刻有十字金刚杵图案。造像生动威猛，在材质、铸造以及镶嵌工艺方面十分完美，项链，壁钏，脚镯及手脚指甲均采用了嵌银，嵌红铜的装饰手法，为传世造像中之精品。

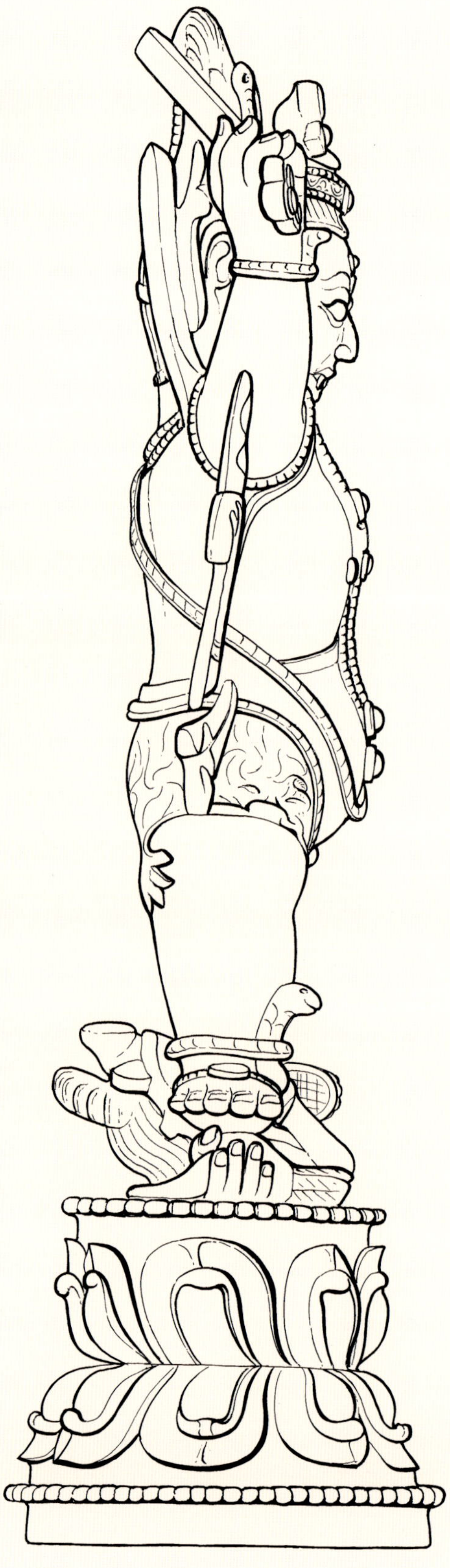

# 42.黄财神像
Yellow Jambhala

13～14世纪　西藏西部

13～14th Century　Western Tibet

国内收购

高9.5厘米　重338克

黄铜　嵌银　嵌宝石

| 锑 | 锡 | 银 | 锌 | 铜 | 铁 | 铅 |
|---|---|---|---|---|---|---|
| 0 | 0.1 | 0 | 20.1 | 77.8 | 0.6 | 1.4 |

造像头戴小三叶冠，其样式源于犍陀罗地区，是东北印度帕拉王朝时期流行的冠式之一。冠叶镶嵌绿松石，发髻高耸，顶现化佛。面庞圆腴，弯眉大眼，瞳孔居中，双唇微启，呈祥和喜悦之相。袒胸露腹，体侧分别绽放两茎乌巴拉花。佩饰耳环、项链、长珠链、手镯、臂钏和脚镯。下身着裙，轻薄贴身，裙上敲刻梅花点，采用了典型的帕拉风格造像装饰手法。左手握吐宝鼠，右手持布拉嘎如意宝，右足踩踏海螺宝瓶，舒坐。下承束腰式仰覆莲座，上沿饰精密的联珠纹，下沿联珠纹形制略方，具有鲜明的西藏西部造像艺术特点。莲瓣较为扁平，布局舒展，对称分布。此像造型生动，铜质润泽，工艺精细。装饰风格简约，项链和臂钏处镶嵌的绿松石与头冠相互映衬，为13～14世纪西藏西部造像艺术作品。

## 43.黑财神像
Black Jambhala

12世纪　西藏西部

12th Century　Western Tibet

北京翰海2004年秋季拍卖会

高15厘米　重505克

黄铜　嵌红铜　嵌琉璃珠　局部彩绘

| 锑 | 锡 | 银 | 锌 | 铜 | 铁 | 铅 |
|---|---|---|---|---|---|---|
| 0.2 | 0.2 | 0 | 19 | 73.7 | 1.6 | 5.1 |

造像头微左倾，左展姿，全身裸露，肚子隆起，生殖器上竖，形象十分夸张。头戴发箍，顶结桃形红色发髻。宽鼻阔口，白牙外露，三目嵌红铜，瞳孔嵌黑琉璃珠。发箍缠一蛇，项圈、络腋、手镯、脚镯和后腰共饰七蛇，全身共饰八蛇，分表八龙王，寓意黑财神已征得所有宝贝。在藏传佛教中，蛇象征“贪”，在这里用它作为装饰亦可表示对“贪”的制服。左手所握吐宝鼠原是象鼻财神昆那夜迦的座骑，后演变成具有财神属性的重要持物。作为神奇的宝兽，它能吐出众多宝物，因此许多著名的财神本尊都会手持吐宝鼠。在财神类题材造像中，吐宝鼠是财富的象征，个头越大，预示财富越多。造型生动，工艺技法高超，表现形式独特，展现了早期拉达克造像艺术的鲜明特点。

# 44.米拉日巴像
Milarepa

12～13世纪　西藏西部

12～13th Century　Western Tibet

国内收购

高12.7厘米　重260克

黄铜

| 锑 | 锡 | 银 | 锌 | 铜 | 铁 | 铅 |
|---|---|---|---|---|---|---|
| 0.1 | 2.7 | 0 | 6.5 | 88.3 | 0.4 | 2 |

早期藏西造像在题材上除了会受到东北印度、西北印度和尼泊尔的影响外，也会将一些西藏本土的著名高僧和修行大师择为造像题材。藏传佛教噶举派第二代祖师米拉日巴终身坚守佛教的清规戒律，一生弘扬佛教教义，在佛学上取得了巨大成就。他遍游西藏各地，收徒传法，反对借佛教之名图富贵的宗教上层人物，扩大了噶举派势力。

传世的米拉日巴造像多为明清时期制作，具有瑜伽行者的自然主义特质，常以右手置耳旁吟唱道歌的形式传法。此像造型罕见，宗教内涵丰富。凸形莲座之上可见一只被猎人追捕的小鹿躲在米拉日巴身旁，猎人放下手中利器向米拉日巴跪拜。米拉日巴姿态轻松自若，头微倾，左手持杖，右手置耳旁吟唱道歌向猎人传授道法。从细节上看，造像的脸部和身体十分清瘦，尖顶帽、耳饰及衣着都具有强烈的棉质感，“日巴”即为粗布之意。莲座造型古朴，莲瓣宽大扁平，紧贴座壁。由此可见，早期藏西造像风格古朴，题材丰富，在铸造工艺和雕刻技法方面已达到很高的水平。造像尖顶帽上饰有日月图案，应与米拉日巴在改宗佛教之前习苯教咒术有关，说明佛教艺术在入藏之后也吸收了一些代表苯教古老原型的传统图案。

释迦牟尼

释迦牟尼

释迦牟尼

宝生佛

黄财神

黑财神

四臂观音

宝冠释迦牟尼

绿度母

手握吐宝鼠

与愿印

与愿印（掌心有日轮）

触地印

禅定印

合十印

禅定印

米拉日巴

拉达克风格造像莲座

束腰式仰覆莲座下沿刻有缠枝花卉纹

束腰式仰覆莲座下沿联珠颗粒圆浑

拉达克风格造像莲座常规样式

拉达克风格造像莲座常规样式

# 西藏中部造像

# Statues of Middle Tibet

西藏地处世界最高地区，平均海拔超过4000米，主要分为藏西、藏中（后藏和前藏）、藏东和东北藏区。从历史上看，由于这些地区相距遥远，很难在政治和文化上形成统一的局面。古代藏族人民一直遵循本土原始宗教（苯教）的古老习俗，崇拜各种自然物，相信万物有灵。公元7世纪，吐蕃赞普松赞干布（约625～650年）迎娶了笃信佛教的文成公主和尼泊尔尺寸公主后便接受了佛教。此后，苯教与佛教冲突不断，佛教在当时的影响范围很小，直到赞普赤德祖赞统治时期（约704～755年）才成为吐蕃王朝的官方宗教。赞普赤松德赞统治时期(约755～797年)，印度佛教大师寂护推荐著名的密教大师莲花生入藏弘法。他以密教咒法调伏苯教，并将部分西藏的原始信仰纳入佛教之中，使之成为具有西藏特色的佛教——藏传佛教。公元841年，末代赞普朗达玛（838～842年）下令禁佛崇苯，佛教前弘期由此结束。随后，吐蕃王朝陷入内部混战，其政权瓦解之后处于长期的分裂状态。

公元978年以后，西藏开始逐步复兴，佛教分为上、下两路从藏中和藏西阿里地区再度传入西藏，由此揭开了佛教后弘期的序幕。这一时期，藏族民众对佛教的信仰需求明显增多，佛教活动不断扩展。公元11世纪中叶后，因传承教义不同而陆续形成了宁玛派、噶当派、萨迦派、噶举派，以及在公元15世纪初形成的格鲁派（噶当派并入了格鲁派）。公元13～16世纪，一些教派（萨迦派、止贡噶举派、帕竹噶举派）为了争夺他们在西藏更大的统治范围，曾对在政治上较为独立的西藏西部地区产生过一些影响。清朝时，五世达赖喇嘛（1617～1682年）统治时期的格鲁派势力十分强大，最终将西藏西部纳入他的势力范围内。随着喇嘛教在西藏的持续发展，最终形成了政教合一的藏传佛教体系。历史上，藏传佛教曾对我国元明清政府在治理国家的政策上产生过重要影响。

藏传佛教的发展取决于佛教在西藏的发展程度，尼泊尔艺术作为藏传佛教的源头，起初对后藏产生了巨大的影响。公元8世纪起，东北印度和尼泊尔开始盛行密教，其影响力几乎覆盖了整个佛教界。前藏受到了东北印度的强烈影响，而后藏和前藏有着密切的关系，最初它们主要受到来自东北印度、尼泊尔的文化影响，后来受到西北印度喀什米尔的影响。公元12世纪后，来自印度的各种艺术随着佛教及佛教艺术在印度的终结而逐渐在西藏消失，此后尼泊尔艺术对西藏的影响明显增多。实际上，藏传佛教在后弘期已传入四川、青海、甘肃和漠南、漠北蒙古等地。其中，藏东与四川的关系较为密切，东北藏区与青海、甘肃的关系较为密切。在文化上，藏东和东北藏区与前藏一直有联系，后逐渐归附于汉地清王朝。

整体上看，藏传佛教在继承印度密教的基础上以尼泊尔艺术为主流，并融入大量西藏本土的文化，同时，接受了汉地佛教的影响，从而形成了西藏独特的造像艺术风貌。公元13世纪之前，藏族工匠还没有能力满足西藏民众对佛教信仰的需求，许多佛教造像和绘画都是来自其周边的国家和地区，如东北印度、尼泊尔、喀什米尔、斯瓦特及汉地的作品等。因此，早期藏族工匠对外来艺术家十分依赖，在经过长期的学习和创作实践之后已熟练地掌握了这些手艺。约公元13世纪开始，他们的作品中带有明显的尼泊尔风格，并且继承了尼泊尔使用红铜铸造佛像的传统。至明朝时，西藏造像不仅种类繁多，而且形象复杂多变，已具有鲜明的地域性。这些造像大多出自寺庙和佛像制作中心（拉萨多觉边铸场、后藏日喀则扎什伦布寺铸场）。特别是西藏中部盛行模仿公元8～12世纪东印度、尼泊尔、斯瓦特及喀什米尔等外来艺术；而西藏东部以昌都为中心的四川、青海、甘肃等地铸造的佛像为主，其风格在清代受到了蒙古和内地的影响。

本章节收录的造像大多为明清时期西藏中部地区制作的红铜鎏金作品，一些造像面部施有泥金和涂彩，说明曾用于当时的仪轨活动之中。红铜鎏金的造像很少镶嵌贵金属，通常镶嵌珊瑚、绿松石和青金石等。元末明初，藏族工匠已不再直接仿效任何一种外来艺术，其作品均带有以藏族为主的特色。本章节中除了佛、菩萨、护法及少量的罕见造像题材外，也涉及到藏传佛教中的密修本尊及上师像。密修本尊造像专用于蒙、藏高级僧侣观修之用，其造型源于八大菩萨的忿怒相化身。综合西藏各大教派，被认可的五大密宗造像有大威德金刚、胜乐金刚、欢喜金刚、密集金刚和时轮金刚，其余密宗造像皆排在其后。此类造像的造型复杂，双身多面多臂，工艺极为繁琐，在材质和局部装饰上与同时期西藏其他造像有共同的特点。上师是指那些在藏传佛教修学和弘法上拥有杰出成就的高僧，上师像通常是在其去世时委托他人制作，也有在世时已制作完成的。对于那些极其重要的上师，其肖像甚至在他们去世后的几个世纪中一直被制作。此类造像不仅会按照上师本人的真实生前面貌进行塑造，还会通过不同的造像体量、衣着、姿势及手持物来区分他们各自的身份。

藏传佛教在1300多年的发展与演变中，大量吸收了喜马拉雅艺术的精髓，并融入至本土民族文化中。西藏作为喜马拉雅艺术的载体，造像体系十分庞大，其艺术风格对元、明、清时期内地的政治宗教文化产生了极大的影响。

## 45.辛饶米沃像
Shenrab Miwoche

15～16世纪　西藏

15～16th Century　Tibet

国内收购

高14.5厘米　重586克

红铜鎏金　嵌宝石

| 锑 | 锡 | 银 | 锌 | 铜 | 铁 | 铅 |
|---|---|---|---|---|---|---|
| 0.2 | 2.3 | 0 | 0.8 | 96.3 | 0.1 | 0.3 |

辛饶米沃是苯教的创始人。苯教是“苯波教”的简称，约公元前5世纪在西藏西部创建。在佛教正式传入吐蕃之前，苯教是西藏唯一的原始宗教。佛教传入西藏后，苯教吸收了一些佛教经典，形成了藏传佛教中一支重要的教派。

造像头戴弯月形宝冠，为14～16世纪西藏造像的常规冠式。五官端正，双目微合，眼睑低垂，表情沉静。上身袒露，佩饰耳珰、项链、手镯、臂钏和脚镯。胸前有符号，为苯教身份标识。下着长裙，衣纹自然写实，裙褶呈放射状铺于座面之上。左肩花蕊奉置宝瓶，右肩花蕊奉置苯教教徽“卍”，寓意“固信不变”。双手结禅定印，手中捧一摩尼宝，跏趺端坐。束腰式仰覆莲座造型规整，莲瓣短小、简洁，对称分布。原封底，封底盖上刻有苯教徽。造像题材罕见，除了在花冠、耳铛、项链及钏环等装饰之处镶嵌珊瑚和松石以外，尤其注重表现苯教佛沉静内省的面部表情，为明代西藏造像艺术精品。

# 46.释迦牟尼像
Shakyamuni

15世纪　西藏

15th Century　Tibet

北京匡时2007年春季拍卖会

高20厘米　重1194克

红铜鎏金　嵌宝石　局部彩绘

| 锑 | 锡 | 银 | 锌 | 铜 | 铁 | 铅 |
|---|---|---|---|---|---|---|
| 0.2 | 0.1 | 0 | 0.9 | 93.1 | 2.3 | 3.4 |

造像头饰螺发，肉髻高隆，宝珠顶严。面相丰圆，额部宽广，下颚内敛，眉眼细长，耳垂较大。直鼻小口，人中较短，双目垂俯，表情沉静。躯体健硕，双肩圆满，胸部厚实，腰间有明显的内收弧度，其体态兼具了力量感与柔美感。身着右袒式袈裟，左肩覆搭衣角，以双道联珠纹表现衣缘，其间錾刻纹饰。袈裟上用凸起的联珠示出条衣，具有很强的立体感，同时与造像富丽华贵的金色相映成辉。手脚刻划柔软写实，左手结禅定印，右手施触地印，跏趺端坐。束腰式梯形仰覆莲座造型宽大，上下沿均饰联珠纹，排列规整。造像五官刻划生动，眉间白豪与莲座上分别嵌有绿松石，富有相互映衬的装饰效果。

# 47. 无量寿佛像
Amitayus Buddha

15世纪　西藏

15th Century　Tibet

北京翰海2005年春季拍卖会

高21厘米　重1754克

红铜鎏金　嵌银　嵌宝石　局部彩绘

| 锑 | 锡 | 银 | 锌 | 铜 | 铁 | 铅 |
|---|---|---|---|---|---|---|
| 0 | 0.3 | 0 | 5.2 | 92.9 | 0.2 | 1.4 |

无量寿为阿弥陀的梵语意译，因此，阿弥陀佛亦称“无量寿佛”。阿弥陀佛有两种装扮，佛装时称为“阿弥陀佛”，菩萨装时称为“无量寿佛”或“长寿佛”。藏传佛教寺庙中的“长寿三尊”即为长寿佛、白度母和尊胜佛母的组合，象征福寿吉祥。

造像头戴五叶花冠，顶结高髻，上饰摩尼宝珠。冠式精美，冠沿饰两排联珠纹，其间无纹饰。耳上冠结横出，耳际处宝缯上扬，两绺余发披搭双肩。面容清丽，额部高广，长眉细眼，白毫凸显。面部彩绘，直鼻小口，形象生动妩媚。身材修长，上身袒露，佩饰大耳珰、银质项圈、珠宝璎珞，以及双环式长链、手镯和臂钏。周身装饰之处嵌有珊瑚、绿松石。下身着裙，腰系丝带，结于身后。裙纹线条硬朗，以联珠为饰。双手结禅定印，托长寿瓶，跏趺端坐。梯形仰覆莲座上下沿均饰联珠纹，莲瓣饱满，对称分布。原封底，封底盖上刻有十字金刚杵和八吉祥图案（顺时针依次为：宝伞、宝鱼、胜幢、海螺、莲花、吉祥结、宝瓶、法轮）。八吉祥表示佛教威力的八种物象，亦称“佛教八宝”，其八种图案纹饰大多用在壁画、金银铜雕、木雕之中。清乾隆时期，八种纹饰曾被分别制作成立体造型的陈设品，常与供器一起陈放。

## 48.大日如来像
Mahavairocana

16世纪　西藏

16th Century　Tibet

国内收购

高18.5厘米　重772克

红铜鎏金　局部泥金彩绘

| 锑 | 锡 | 银 | 锌 | 铜 | 铁 | 铅 |
|---|---|---|---|---|---|---|
| 0 | 0.5 | 0 | 0.2 | 98.4 | 0.1 | 0.8 |

大日如来汉译为“摩诃毗卢遮那”，是佛教宣称的法身佛，代表佛教的最高谛理（真如、法性）。常见形象为比丘相，戴五佛冠或结发髻冠，身饰珠宝瓔珞，尤显华丽高贵。在密宗金刚界和胎藏界，大日如来的姿势存有区别。在金刚界，双手结智拳印（右手握左手大拇指置胸前）；在胎藏界，双手结法界定印（手掌仰置，右手在上，左手在下，两拇指相触，置于脐下）。在藏密中，常见形象为四面二臂像，面相慈悲，身着天衣绸裙，瓔珞珠宝严饰其身，双手置脐下捧千辐轮，跏趺端坐。

造像头戴五叶花冠，顶结圆柱形发髻，上饰摩尼宝珠。面向俊朗，双目垂俯，神态安详。上躯端正，腰部收束，披肩贴服，样式精美。佩饰耳珰、珠宝项链、手镯、臂钏和脚镯。腰系珠宝丝带，U形瓔络装饰极为华丽。下身着裙，纹褶自然流畅，裙上纹饰与披肩相同，富有相互映衬的装饰效果。双手结禅定印，捧千辐轮，跏趺端坐。束腰式仰覆莲座造型规整，仅在下沿饰联珠纹一周。莲瓣短小，对称分布，排列规整。原封底。造像端庄，面部泥金彩绘，神韵十足，雕工精湛。

## 49. 文殊菩萨像
## Manjushri Bodhisattva

15世纪　西藏

15th Century　Tibet

国内收购

高16.5厘米　重840克

红铜鎏金　嵌宝石

| 锑 | 锡 | 银 | 锌 | 铜 | 铁 | 铅 |
|---|---|---|---|---|---|---|
| 0.1 | 0.1 | 0 | 0.1 | 99.1 | 0.3 | 0.3 |

造像头戴花冠，冠叶正中的宝相花左右各出一茎向上呈弯月形，为14～16世纪西藏造像的常规冠式。头略向左侧内颔，长眉细目，鼻直而适中，表情沉静。耳垂圆珰，束发垂肩，缯带向下垂搭。上身袒露，胸前饰璎珞，四肢佩戴钏镯。下身着裙，腰间系带，腰带结头自然平搭于座面之上。双手各拈一茎莲枝，当胸结说法印，跏趺端坐。莲花齐肩绽放，分别上奉经筴和宝剑。束腰式仰覆莲座造型宽大，上下沿各饰联珠纹一周。莲瓣秀长饱满，挺拔有力，对称分布。

此像保留了尼泊尔-帕拉风格的同时，带有鲜明的地域特色。造像体态优美动人，金色绚丽沉稳，并且在冠饰、璎珞、臂钏、手镯等处镶嵌宝石。此种华丽精巧的装饰风格展现了这一时期西藏造像艺术的成熟之美。

## 50. 金刚手菩萨像
Vajrapani Bodhisattva

14～15世纪　西藏

14～15th Century　Tibet

中国嘉德2005年春季拍卖会

高26厘米　重3316克

红铜鎏金　嵌宝石　局部彩绘

| 锑 | 锡 | 银 | 锌 | 铜 | 铁 | 铅 |
|---|---|---|---|---|---|---|
| 0.1 | 0.1 | 0 | 2 | 97.2 | 0.3 | 0.3 |

丹萨替寺造像主要出自西藏山南地区桑日县境内的丹萨替寺，并以丹萨替寺而得名，主要盛行于14～15世纪，至15世纪后期逐渐衰落。在近百余年间，丹萨替造像就已形成了当地民族独特的艺术风格，以造型优雅、题材新颖、华丽大气、工艺精湛、金质锃亮及存世量少而闻名于世。

造像顶结圆形高髻，宽鼻阔口，怒目圆睁，相容凶忿。四肢粗硕，袒胸露腹，右肩下探出蛇头。佩饰耳珰、璎珞、项链、长蛇链、手镯、臂钏和脚镯。腰围虎皮裙，身披倒U形大帔帛，尾端分别飘垂于两腿外侧，动感十足。左手结三宝印，右手擎金刚铃，左展姿于覆莲日轮宝座之上，彰显出护持佛法的威力。由此可见，丹萨替造像在造型比例和所用材料方面十分考究。造像金色饱满悦目，周身多处镶嵌宝石，局部纹饰精细，铸造工艺精湛，展现了丹萨替造像艺术风格的特点。

## 51. 金刚总持像
## Vajradhara

15世纪　西藏

15th Century　Tibet

北京翰海2008年春季拍卖会

高24.5厘米　重2542克

红铜鎏金　嵌银　嵌宝石

| 锑 | 锡 | 银 | 锌 | 铜 | 铁 | 铅 |
|---|---|---|---|---|---|---|
| 0 | 2.3 | 0 | 0 | 97.5 | 0.1 | 0.1 |

金刚总持常见形象为胸前双手拥智慧尊印，左手持金刚铃，右手持金刚杵，跏趺端坐。铃杵组合象征慈悲与智慧的结合，本质纯净，代表了密教的最高修行成就。

造像头戴镂空状五叶花冠，冠前饰大鹏金翅鸟头，样式罕见。面相圆润，耳垂圆珰，眼睑低垂，神态安详。身材匀称，双肩圆滑，腰部收束。上身袒露，胸前饰有精美的项链、长链均为银质。下身着裙，腰系网状瓔珞丝带。裙裳纹褶自然流畅，裙上饰有多条珠串。全身多处嵌红珊瑚、绿松石和青金石，样式雍容华贵。仰覆莲座造型宽大，束腰深，上沿饰银质联珠纹一周，下沿满刻梵文经咒。莲瓣细长，对称分布，排列规整。原封底，封底盖上刻有十字金刚杵图案。造像姿态优美，装饰华丽，镶嵌镶嵌，镶嵌工艺运用娴熟，代表了当时西藏造像艺术的最高水平。

## 52.金刚总持像
Vajradhara

15世纪　西藏

15th Century　Tibet

国内收购

高13厘米　重412克

青铜鎏金　嵌银　嵌宝石

| 锑 | 锡 | 银 | 锌 | 铜 | 铁 | 铅 |
|---|---|---|---|---|---|---|
| 0 | 0.1 | 0 | 1.4 | 85.3 | 0.1 | 13.1 |

造像头戴花冠，冠沿饰三排联珠纹，缯带自然飘垂。面相方圆，长眉细目，双目俯视，神态沉静。身姿挺拔，上身袒露，身后帔帛形似葫芦形背光，尾端自然垂于体侧。下身着贴体薄裙，以双道联珠纹表现裙纹，裙上纹饰与披肩纹饰相互映衬。周身装饰华丽，佩饰耳珰、项圈、珠宝项链、手镯、臂钏和脚镯。多处采用银质联珠及镶嵌宝石的工艺手法，展现了西藏造像的鲜明特点。胸前双手拥智慧尊印，左手持金刚铃，右手持金刚杵，跏趺端坐。束腰式仰覆莲座造型宽大，上沿饰联珠纹一周，下沿外撇。莲瓣短小，造型古朴，对称分布。原封底，封底盖上刻有十字金刚杵图案。造像在尼泊尔风格的基础上更多融入了西藏本土特有的工艺技法。

## 53.绿度母像
Green Tara

15世纪　西藏

15th Century　Tibet

国内收购

高13厘米　重442克

红铜鎏金　嵌银　嵌宝石、珊瑚

| 锑 | 锡 | 银 | 锌 | 铜 | 铁 | 铅 |
|---|---|---|---|---|---|---|
| 0 | 0.1 | 0 | 3.1 | 92.7 | 2.2 | 1.9 |

造像头戴弯月形宝冠，冠沿以银质联珠纹为饰，做工精细。面颊圆腴，额上部可见垂露的发帘。五官小巧，纤眉细目，目光下敛，流露出悲悯众生的情怀。上身袒露，肩头绽放两茎莲花。下身着裙，腰间束带系结于腰部两端。周身佩饰耳环、项圈、长链、手镯、臂钏和脚镯，所有装饰之处均以宝石镶嵌，其特色在于银质联珠纹的表现形式。整体效果与金色饱满的像身形成了相映成辉的华丽效果。左手结三宝印，右手施与愿印，足踏莲蕾，右舒坐姿。束腰式仰覆莲座造型高大，上下沿均饰联珠纹一周，中间仰莲处雕饰主莲茎。莲瓣细长秀美，生动挺拔，对称分布。原封底。

此像造型优美，在工艺手法和神韵的塑造上具有浓郁的尼泊尔艺术风格，在装饰上展现了西藏地区的艺术特色。

## 54. 独雄大威德金刚像
Yamantaka

15世纪　西藏

15th Century　Tibet

中国嘉德2005年春季拍卖会

高19.5厘米　重2114克

红铜鎏金　局部彩绘

| 锑 | 锡 | 银 | 锌 | 铜 | 铁 | 铅 |
|---|---|---|---|---|---|---|
| 0 | 0 | 0 | 1.1 | 98 | 0.2 | 0.7 |

独雄大威德金刚与大威德金刚所呈现的牛头极为相似，一面二臂形象，在造型上与大威德金刚不同，且常被单独供奉。

造像头部比例适中，戴五骷髅冠，冠沿垂有U形联珠链。赤发上竖，下缠一蛇，发丝细密规整。头部两侧长有牛角，面部三目，圆睁怒视，须眉紧蹙。身材敦实，四肢粗壮，全身赤裸，项挂人头蔓。周身以珠宝璎珞为饰，样式繁缛，一些璎珞的布局显然受到了永宣宫廷造像的影响，其特征反映在腹前的三根珠串，以及腰间的UU形璎珞装饰。胸前左手托盈血之颅器（嘎布拉碗），右手持钺刀，左展姿。莲花日轮座上沿饰联珠纹一周，下沿饰精密的小联珠纹一周，工艺精细。莲瓣饱满，瓣尖微卷。造像题材罕见，形象生动威猛，尤其是象征阎王的牛头彰显了独雄大威德的威猛无敌之力。造像装饰华丽，工艺至精至细，存世稀少。

# 55. 大威德金刚像
## Yamantaka

15世纪　西藏

15th Century　Tibet

北京匡时2006年秋季拍卖会

高14.2厘米　重1264克

红铜鎏金　嵌宝石　局部彩绘

| 锑 | 锡 | 银 | 锌 | 铜 | 铁 | 铅 |
|---|---|---|---|---|---|---|
| 0.1 | 1 | 0 | 2.5 | 96.1 | 0.1 | 0.2 |

大威德金刚属藏密无上瑜伽修法中尊奉的五大本尊之一，亦可称为“阎曼德迦”，　俗称“牛头明王”，备受藏传佛教格鲁派重视。

造像身具九头三十四臂十六足，为大威德金刚最复杂、最恐怖的一种形象。主尊九头，最高一头为菩萨面，头戴宝冠（菩萨装），为文殊菩萨的忿怒化相。其余八头皆戴五骷髅冠（护法装），赤发上竖。主头长有两只牛角，左三头表清净、死亡、愤怒，右三头表愤怒、权势、安静。三目意为千里眼，寓意无所不见。上身袒露，颈挂人头蔓，周身饰繁密的瓔珞，多处镶嵌宝石。三十四臂均持不同法器，怀中拥抱明妃。左展姿，十六足分踏飞禽走兽及天王、明王。束腰式仰覆莲座造型宽大，正面雕铸朵马，亦可称为“食子”，为供奉忿怒本尊仪轨中所用食物。莲瓣圆扁，对称分布。原封底，封底盖上刻有十字金刚杵图案。造像生动威猛，工艺精湛，手持法器均可拆装，是藏传佛教造像中制作难度最大的一尊。

## 56.时轮金刚像
Kalachakra

15世纪　西藏

$15^{th}$ Century　Tibet

纽约佳士得2006年春季拍卖会

高20.6厘米　重1768克

红铜鎏金　嵌宝石　局部泥金彩绘

| 锑 | 锡 | 银 | 锌 | 铜 | 铁 | 铅 |
|---|---|---|---|---|---|---|
| 0 | 0.2 | 0 | 0 | 95.6 | 0.3 | 3.9 |

时轮金刚为藏密无上瑜伽修法中尊奉的五大本尊之一，双身形象，因与明妃裸身相合，亦可称为“双身佛”。

主尊佛父身具四头，每头皆戴五骷髅冠。前面一头相容凶忿；后面一头安静祥和；左面一头肃静庄严；右面一头欲望狰狞；上身袒露，腰系虎皮，佩饰珠宝璎珞、手镯、臂钏和脚镯。二十四手应持金刚杵、三叉戟、宝剑、钺刀、火箭、勾杖、 法鼓、锤、法轮、矛、宝杖、钺斧、金刚铃、盾牌、降魔杵、颅器、弓、索、摩尼宝、白莲花、白螺、镜、勾链及四面梵天首。主尊佛母拥抱明妃，脚踏红色欲望妖魔（大自在天）和白色恐怖妖魔（天母），右展姿。明妃头饰精美，工艺复杂，与主尊相拥对视。仰覆莲座束腰深，仅在上沿饰联珠纹，下沿刻有精美的花草纹。莲瓣秀美，饰火焰纹，对称分布。

# 57.欢喜金刚像
## Hevajra

15世纪　西藏

15th Century　Tibet

国内收购

高26厘米　重2980克

红铜鎏金　嵌宝石　局部泥金彩绘

| 锑 | 锡 | 银 | 锌 | 铜 | 铁 | 铅 |
|---|---|---|---|---|---|---|
| 0 | 0 | 0 | 0 | 99.7 | 0.1 | 0.2 |

欢喜金刚属藏密无上瑜伽修法中尊奉的五大本尊之一，蕴涵了悲与智的觉悟。

造像八面十六臂四足形象，头分两层。上层头饰法王头像，戴五骷髅冠，三目怒睁，呲牙咧嘴，现寂忿相。下层头为六面，皆戴花冠，每面呈现出略微不同的半忿怒表情，为寂忿相。主尊面具三目，项挂五十人头蔓，腰系虎皮裙。右展姿，主尊和明妃脚踏贪、嗔、痴三魔。双手拥抱无我佛母，结金刚吽迦罗印。十六臂手中各持嘎布拉碗，左手碗中八天应为黄地神、白水神、红火神、清风神、白日神、月神、阎王和黄财神；右手碗中八物应为白象、青鹿、青驴、红牛、灰驼、红人、青狮和赤猫。主尊怀中无我佛母一面二臂形象，正以半悬姿与主尊相拥结合，双手于佛父身后分持嘎布拉碗和钺刀。此种姿态轻盈惬意，富有享受结合之乐趣。束腰式仰覆莲座造型宽大，座面刻有精美纹饰，尤为罕见。莲瓣细长秀美，饱满挺拔，对称分布。原封底，封底盖上刻有十字金刚杵图案。从造像的造型及装饰上看，应为西藏萨迦派传规，是西藏造像中之代表作。

## 58. 上乐金刚像
Shamvara

15世纪　西藏

15th Century　Tibet

国内收购

高17厘米　重1108克

红铜鎏金　嵌宝石　局部泥金彩绘

| 锑 | 锡 | 银 | 锌 | 铜 | 铁 | 铅 |
|---|---|---|---|---|---|---|
| 0.1 | 0.1 | 0 | 1.4 | 95.8 | 0.3 | 2.3 |

上乐金刚亦称“胜乐金刚”，属藏密无上瑜伽修法中尊奉的五大本尊之一，备受藏传佛教格鲁派重视。

造像四面十二臂形象，主尊头戴骷髅冠，束发高髻，上饰月牙和十字金刚杵。项挂五十人头蔓。上身袒露，腰围虎皮。主臂左手持金刚铃，右手持金刚杵，同时拥抱明妃金刚亥母。明妃表情似怒非怒，手持钺刀和嘎布拉碗，双腿盘在主尊腰间。主尊其余各手分持斧、月形刀、三股戟、骷髅杖、金刚索、金刚钩、人头等。右展姿，脚踏玛哈得瓦神和时间符号女。二神匍匐在地，身具四臂，分持法器。单层莲座宽大，上沿饰联珠纹一周，下沿饰双排联珠纹，周边可见雕刻精美的几何图纹及草叶纹饰。莲瓣造型精美，布局舒展。原封底，底盖上刻有十字金刚杵图案。造像重心位于中间，肢体线条流畅，结构合理，铸造工艺精湛，为西藏造像艺术精美之作。

# 59.大持金刚双身像
Double-bodied Vajradhara

15世纪　西藏

15th Century　Tibet

苏黎世科勒2008年秋季拍卖会

高21厘米　重2726克

红铜鎏金　嵌宝石　局部泥金彩绘

| 锑 | 锡 | 银 | 锌 | 铜 | 铁 | 铅 |
|---|---|---|---|---|---|---|
| 0 | 0 | 0 | 1.1 | 97.7 | 0.6 | 0.6 |

双身大持金刚又名“胜者金刚持”，是藏传佛教无上密乘的本尊。一般认为，双身大持金刚也为双身金刚萨埵，此种同时拥抱明妃的形象又可称为“父母像”，阴阳同体，表示智慧与方法的结合。

主尊佛父头微侧倚，戴五骷颅冠，冠沿饰U形珠帘。顶结葫芦形发髻，上方饰有半杵。耳挂大圆珰，耳上扇形冠结横出，耳际处宝缯呈U形上扬。面庞丰满，额部宽广，高鼻大眼，五官端正。上身袒露，佩饰珠宝璎珞、手镯、臂钏和脚镯，工艺精细。帔帛如丝绸一般柔顺，呈倒U形自然垂于体侧，动感十足。主尊金刚跏趺坐姿，两臂交叉拥抱明妃，双手分持金刚铃和金刚杵。明妃同为一面二臂，与主尊交抱相吻，其冠戴和持物皆与主尊相同。束腰式仰覆莲座上下沿均饰联珠纹一周，座面正中铸有宝瓶。莲瓣细长秀美，饱满挺拔，对称分布。原封底，底盖上刻有十字金刚杵图案。造像生动，装饰华丽，铸造工艺精湛，以难分难舍的相拥坐姿展现了无上密法中智慧与方便的最高结合。

# 60. 毗瓦巴像
Virupa

15世纪　西藏

15th Century　Tibet

中国嘉德2005年春季拍卖会

高20.2厘米　重1585克

红铜鎏金　嵌宝石　局部彩绘

| 锑 | 锡 | 银 | 锌 | 铜 | 铁 | 铅 |
|---|---|---|---|---|---|---|
| 0 | 1.4 | 0 | 0 | 93 | 0.2 | 5.4 |

在印度的八十四大成就者中，毗瓦巴是最为重要的一位，也是藏传佛教萨迦派尊奉的重要上师。

造像方头大耳，头戴花蔓冠，发髻高耸后挽。面部表情神秘，双目圆鼓，笑露牙齿，须发与眉毛右旋。肚大腰圆，四肢粗壮，佩饰珠宝项链、手镯和臂钏，胸前项链垂有五根长珠串。下身着传统的古印度式短裙，裙上满饰花蔓，再以珠宝瓔珞围饰。左手抬起，右腿盘曲，左腿支起，此种转轮王坐姿显得松弛而不失优雅。身下垫坐虎皮，是密修者所具有的神秘忿怒力量之外在体现。类似诸多护法神均有或披、或坐兽皮的特征，象征意义皆同。单层莲座造型宽大，莲瓣细长饱满，瓣尖稍卷，排列规整。座后刻有藏文题记，汉译为"安放佛之舍利"。造像生动可爱，壮硕男人身着繁缛的菩萨装，装饰之处嵌有宝石。姿态轻松自若，特别是在大成就者类题材造像的传统模式化表现手法之上，娴熟地刻划出更具尼泊尔艺术风貌的细腻与流畅之感。

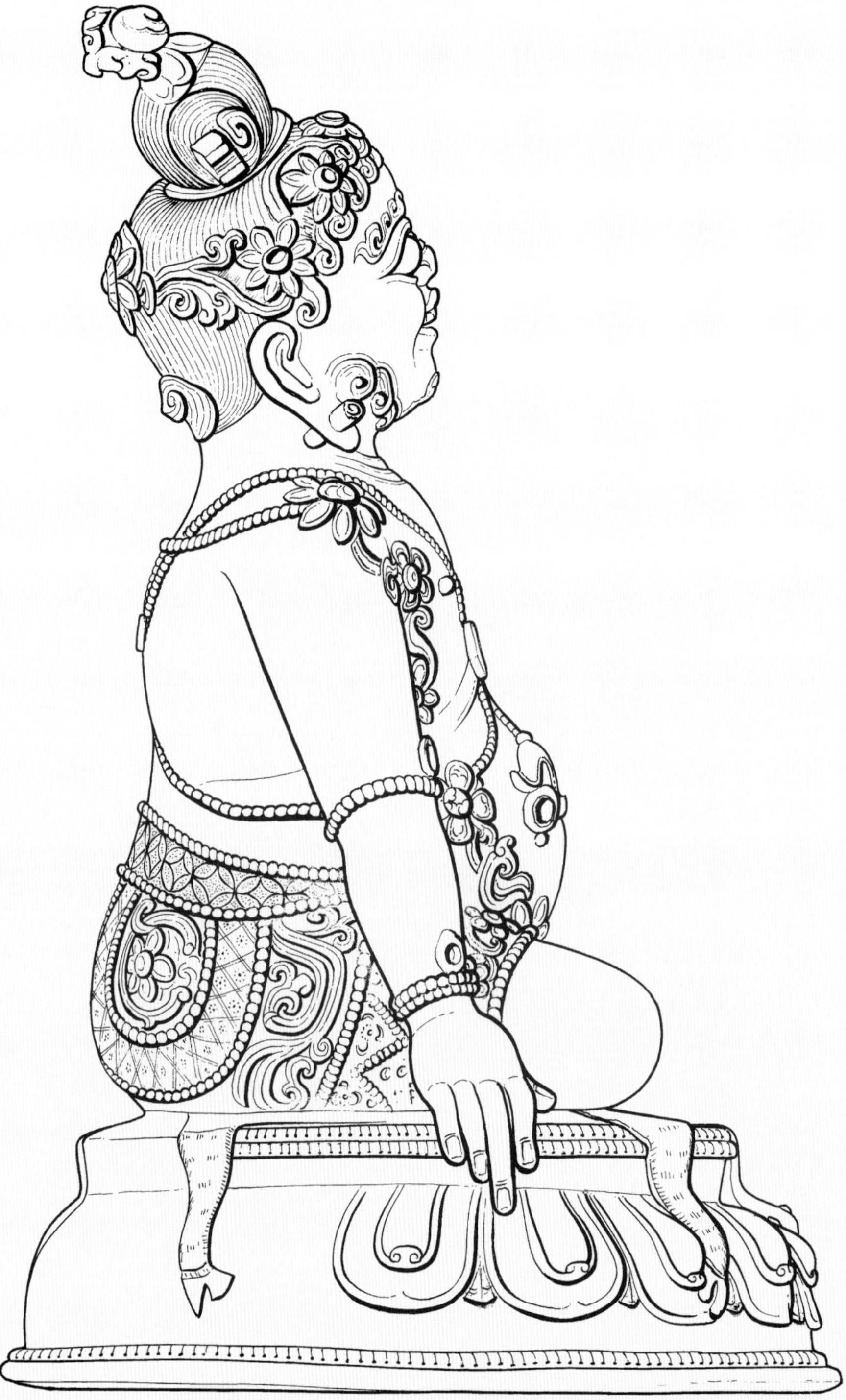

# 61.莲花生大师像
Padmasambhava

15～16世纪　西藏

15～16th Century　Tibet

国内收购

高19厘米　重1164克

红铜鎏金　银质喀章嘎　局部泥金彩绘

| 锑 | 锡 | 银 | 锌 | 铜 | 铁 | 铅 |
|---|---|---|---|---|---|---|
| 0 | 1 | 0 | 0.5 | 98.2 | 0.2 | 0.1 |

莲花生是印度著名的密法大师。公元8世纪，由先期入藏的印度佛教大师寂护推荐，西藏吐蕃赞普赤松德赞邀他来藏弘扬佛法。入藏后，他调伏了苯教，并将苯教许多神祇化为佛教的护法神，同时将一些西藏本土信仰纳入佛教教义之中，开创了具有西藏特色的“藏传佛教”。由于莲花生大师对西藏佛教的建立和发展作出了巨大贡献，后弘期宁玛派尊奉他为该派的开山祖师。在西藏其他教派中，他同样受到了广泛崇拜。

造像头戴莲花折沿法帽，顶端丝带系结，正面浮雕半月和太阳，象征理智合一。这种帽式只有宁玛派的高级喇嘛允许佩戴，为宁玛派的重要标志。面容饱满，额际宽广，蹙眉凝视，表情嗔怒。面部泥金彩绘，耳挂大耳珰，髭须略微卷曲。上身端正，身材匀称，内着僧坎和僧裙，外披右袒式袈裟。衣纹线条自然流畅，纹饰錾刻精美，左臂倚靠喀章嘎，银质，极为罕见。左手托嘎布拉碗，右手持金刚杵，跏趺端坐。束腰式仰覆莲座较高，仅在下沿饰联珠纹一周，莲瓣细长秀美，制作规整，对称分布。原封底。造像生动，雕工精细，标志性法器保存完好，为西藏祖师类造像艺术精品。

## 62.莲花生大师像
Padmasambhava

17世纪　西藏

17th Century　Tibet

国内收购

高14厘米　重1758克

黄铜鎏金　局部泥金彩绘

| 锑 | 锡 | 银 | 锌 | 铜 | 铁 | 铅 |
|---|---|---|---|---|---|---|
| 0 | 3.1 | 0 | 6.2 | 90.6 | 0 | 0.1 |

造像头戴莲花折沿法帽，正面浮雕半月和太阳，象征理智合一。这种帽式只有宁玛派的高级喇嘛允许佩戴，为宁玛派的重要标志。面相俊美，额际宽广，眼睑微垂，表情沉静。上躯端正，身材匀称，内着僧坎和僧裙，外披右袒式袈裟和僧氅。衣纹线条厚重，曲折流畅自然，左臂倚靠喀章嘎。双手刻划高度写实，左手托梵箧，右手作说法印，跏趺端坐。单层覆式莲座上沿錾刻阴线一周，莲瓣细长，光素无纹，排列规整。下承叠涩式多角亚字须弥座，正面雕有双狮。

此像造型舒展流畅，人物形象生动，制作细节严谨。面部髭须全无，表情不再呈现密教大师传统的嗔怒相，为清代西藏造像艺术精品。

## 63.莲花生大师像
Padmasambhava

17世纪 西藏或蒙古

17th Century Tibet or Mongolia

纽约佳士得2005年秋季拍卖会

高14.2厘米 重920克

黄铜

| 锑 | 锡 | 银 | 锌 | 铜 | 铁 | 铅 |
|---|---|---|---|---|---|---|
| 0 | 3.2 | 0 | 16.2 | 79.2 | 0.1 | 1.3 |

造像头戴通人冠，正面浮雕半月和太阳，象征理智和一。面庞丰润，额际宽广，蹙眉侧目，神态威严。身着交领式僧衣，胸前垂挂项链饰物，外披右袒式袈裟。国王坐姿，左臂倚靠喀章嘎，左手托嘎布拉碗，右手持金刚杵。下承圆形莲座，上沿饰联珠纹一周，部分联珠纹已被自然垂下的衣摆盖住。莲瓣外层宽肥，内层饰小云纹，带有蒙古造像特点。

此像黄铜整体铸造，不鎏金，铜质细润盈亮，标志性法器完好无损。身材匀称，五官比例精准，神情沉静威严。双手刻划柔软而富有弹性，指节纹路刻划清晰。衣纹线条曲折流畅，给人以厚重的织物感，显示了清代匠师深厚的写实技法功底。

# 64.米拉日巴像
## Milarepa

15～16世纪　西藏

15～16th Century　Tibet

北京匡时2007年春季拍卖会

高16厘米　重1242克

红铜鎏金

| 锑 | 锡 | 银 | 锌 | 铜 | 铁 | 铅 |
|---|---|---|---|---|---|---|
| 0 | 1.4 | 0 | 0 | 97.9 | 0.1 | 0.6 |

造像左手正欲抚耳吟唱道歌，此种造型尤为少见。头饰短发，发端卷曲，形制规整，面相清瘦，长眉细眼，鼻梁高挺。唇部刻划写实，唇线清晰，双唇抿起，笑露牙齿。肩部圆滑，袒露胸背，胸部略显下垂，腹部较圆鼓。衣袍质地柔软，线条自然流畅，纹饰疏朗雅致。左腿支起，右腿横盘，右手扶膝舒坐。束腰式仰覆莲座造型宽大，莲瓣饱满，光素无纹，对称分布。造像雕工精湛，人物形象生动写实，比例匀称，为西藏祖师类造像精品。

## 65.萨迦派上师像
Guru of Sa-Shya-pa of Tibetan Buddhism

15世纪　西藏

15th Century　Tibet

国内收购

高12.5厘米　重642克

红铜鎏金　面部泥金彩绘

| 锑 | 锡 | 银 | 锌 | 铜 | 铁 | 铅 |
|---|---|---|---|---|---|---|
| 0.1 | 0.9 | 0 | 0.1 | 97 | 0 | 1.9 |

造像呈比丘相，额部丰满，双目微垂，面容静穆。上躯端正，内着僧坎和僧裙，外披右袒式袈裟。衣纹线条清晰，衣褶起伏流畅，花卉纹饰錾刻精美。手脚刻划柔软，左手结禅定印托长寿瓶，右手施触地印，跏趺端坐。仰覆莲座束腰较深，上下沿各饰连珠纹一周。莲瓣秀美，生动挺拔。造像所持法印和座面横置金刚杵的造型与西藏五方佛之一的东方不动佛极为相似。原封底，封底盖上刻有十字金刚杵和八吉祥图案，刻工精细。

公元15世纪，西藏已完全形成特具本土的艺术风格，并创作了大量的雕塑及绘画作品。作为西藏佛教艺术发展史上的一个鼎盛时期，西藏与内地在艺术及文化上有着广泛而密切的交流，从而受到了内地文化艺术的影响。整体上看，这一时期的汉藏艺术普遍交融的趋势已成为西藏佛教艺术继续发展的主流趋势。在制作佛像方面，西藏造像主要变化体现在对明代内地造像的艺术表现形式和技法的吸收与融入。在藏传佛教造像中，上师像占有很高的比例，他们分别来自藏传佛教五大教派中的大德高僧（宁玛派、噶当派、萨迦派、噶举派、格鲁派）。一般看来，上师像的制作主要是根据上师的生前面貌、体态特征、宗教习俗、及所做功德进行不同程度的塑造，使后世信奉者完全达到纪念和供奉的目的。此类造像在人物造型上往往给人一种端庄稳健的感觉，重要的上师像在局部常被施以泥金和涂彩，表情刚毅自持，神形兼备，展示了藏族艺术家和工匠的才华。在确保造像并非仿制的情况下，题记内容中含有错误的上师像一般为后人所刻，带有正确题记的上师像大多出自藏族工匠之手，不排除精通藏语的他族艺术家及工匠的参与或独立制作。没有题记的上师像在传世的造像中占有一定的比例，其中一些可堪称为祖师类造像，但对其身份和所属派别的断定十分困难。

在藏传佛教造像中，每一尊上师像都具有他所从属教派或支派的代表性特征，这些特征在帽式、发饰、衣着、手印，以及造像莲座等方面均有所体现。在藏传佛教各大教派的上师像中，萨迦派上师像通常下承仰覆莲座，特别是它的莲瓣样式与永乐造像十分相似，但随着时代的推移和艺术的发展，莲瓣逐渐变得更细、更长。此尊造像的莲瓣样式与永乐、宣德宫廷造像相同，衣着特征为萨迦派的典型装束样式之一。与此同时，造像的手印和座面横置金刚杵的造型与佛教密宗中供奉的主尊（五方佛）中之东方不动佛极为相似，而五方佛正是这一时期萨迦派流行的创作题材之一。从历史上看，明朝政府分别对噶举派、萨迦派、格鲁派的上层喇嘛册封为大宝法王、大乘法王和大慈法王，他们的地位极为尊贵。其中，大乘法王即为萨迦派都却拉章的贡噶扎西（1349～1425年）。贡噶扎西自幼学习佛法，才华出众，曾受永乐皇帝之邀，在南京多次讲论佛法，备受朝廷赏识和敬信。虽然此造像没有题记，但与同类造像的制作工艺相比更为精细，金色饱满悦目，整体工艺水平和艺术特征具有永乐造像艺术之气象，标志着像主的尊贵身份和显赫地位。通过对造像的整体分析，并结合相关的历史背景看，断定此像为萨迦派上师，推断其身份为大乘法王贡噶扎西。

# 66.萨迦派上师像
Guru of Sa-Shya-pa of Tibetan Buddhism

15世纪　西藏

15th Century　Tibet

北京匡时2007年春季拍卖会

高13厘米　重972克

红铜鎏金　局部彩绘

| 锑 | 锡 | 银 | 锌 | 铜 | 铁 | 铅 |
|---|---|---|---|---|---|---|
| 0 | 2.8 | 0 | 0 | 96.5 | 0 | 0.7 |

造像髡发，面庞方阔，鼻梁高挺，双目睁视。颧骨及下颚轮廓凸显，法令纹深凹，面部表情沉静。身着坎肩和僧裙，外披袈裟，袒右覆肩。衣纹錾刻精美，衣褶刻划婉转曲折，流畅自然。特别是左臂的衣袖自然垂落，完全覆遮了右足脚趾，此种细节的塑造富于写实性。跏趺端坐，双手当胸结说法印，展现了上师说法时的生动情形。束腰式仰覆莲座造型宽大，上下沿均饰联珠纹一周。莲瓣圆润肥厚，生动秀美，端部稍卷，对称分布。原封底，封底盖上刻有十字金刚杵图案。莲座后刻有藏文题记，汉译为：顶礼官却坚赞尊者”。官却坚赞（1388～1469年）为萨迦派俄尔支派第二任堪布，是创始人俄尔钦·贡噶桑波（1382～1456年）之弟子。

此像造型完美，人物形象生动，雕工精湛，衣纹洗练，层次感强，为明代西藏造像精品。

# 67.索南胆巴像
Sonam Drakpa

15世纪　西藏

15th Century　Tibet

中国嘉德2005年春季拍卖会

高23厘米　重2086克

黄铜

| 锑 | 锡 | 银 | 锌 | 铜 | 铁 | 铅 |
|---|---|---|---|---|---|---|
| 0.5 | 5.4 | 0 | 9.9 | 82.9 | 0 | 1.3 |

索南胆巴是萨迦派喇嘛，也是藏传佛教史上颇有影响的一位高僧。在目前传世的祖师类造像中，以索南胆巴为题材的造像极为少见。

造像头戴圆顶风帽，弯眉细目，沉静慈和，仪态端庄。上躯端正挺直，内着僧坎、僧裙及右袒式袈裟，外披僧氅。僧衣、僧氅满饰花卉纹饰，腿间衣褶自然铺于座面之上，整体雕刻技法十分娴熟。手脚刻划高度写实，胸前双手结说法印，跏趺端坐。束腰式仰覆莲座上下沿均饰联珠纹一周，莲瓣形似双卵，对称分布，与早期喀什米尔造像中出现过的莲瓣样式颇为相似。座面刻有藏文，汉译为“南无辇钦索南胆巴”，莲座底边有藏文阴识，汉译为“大堪布南喀扎哇敬造”。原封底，封底盖上刻有十字金刚杵图案。此类题材造像一般与萨迦派支脉俄尔派的俄尔寺有关，当为后藏地区制作。

## 68. 噶举派上师像
Guru of Bka-gyud-pa of Tibetan Buddhism

15～16世纪　西藏

15～16th Century　Tibet

北京匡时2007年春季拍卖会

高17.5厘米　重974克

红铜鎏金　局部泥金彩绘

| 锑 | 锡 | 银 | 锌 | 铜 | 铁 | 铅 |
|---|---|---|---|---|---|---|
| 0 | 0.9 | 0 | 2.3 | 96.1 | 0.6 | 0.1 |

噶举派形成于藏传佛教后弘期，是藏传佛教的重要的宗派之一。其经典和教法均源于印度，经米拉日巴传承，由玛尔巴译师开创。后来噶举派分为四大派八小派，其中之一的噶玛噶举派势力最强，是藏传佛教中第一个采取活佛转世制度的宗派，先后建立了几大活佛转世系统，其中以黑帽系和红帽系最为著名。

造像头戴红色僧帽，为噶玛噶举派红帽系上师。面部泥金彩绘，额际高广，双目平视，表情坚毅。身姿端正挺拔，内着僧坎、僧裙，外披右袒式袈裟。衣纹线条自然流畅，衣缘錾刻缠枝花卉，纹饰精美。双手刻划高度写实，左手托经箧，右手作说法印，跏趺端坐。束腰式仰覆莲座造型宽大，仅在下沿饰联珠纹一周。莲瓣圆隆饱满，光素无纹，对称分布。

## 69.达玛巴像
Dharmapa

15世纪　西藏

15th Century　Tibet

北京匡时2007年春季拍卖会

高16厘米　重1292克

红铜鎏金　局部泥金彩绘

| 锑 | 锡 | 银 | 锌 | 铜 | 铁 | 铅 |
|---|---|---|---|---|---|---|
| 0 | 0.1 | 0 | 1.7 | 97.6 | 0.4 | 0.2 |

造像头戴折沿式法帽，面部泥金彩绘。头部浑圆，大耳横出，目光下敛，五官生动。内着僧坎和僧裙，外披右袒式袈裟和僧氅，衣缘厚重，以联珠为饰，其间刻有精美的纹饰。双手扶膝结触地印，跏趺端坐。束腰式梯形莲座造型宽大，上沿饰联珠纹，下沿外撇。莲瓣劲挺，对称分布。莲座后刻有藏文题记，汉译为：顶礼吉祥达玛巴。原封底，封底盖上刻有十字金刚杵图案。

此像工艺精湛，神态肃穆，其帽式、手印等特征均与噶玛噶举派黑帽系第二世活佛噶玛拔希（1204～1283年）形像相同。

## 70. 夏鲁派上师像
Guru of Zha-lu-pa of Tibetan Buddhism

15世纪　西藏

15th Century　Tibet

国内收购

高14厘米　重882克

青铜　面部泥金彩绘

| 锑 | 锡 | 银 | 锌 | 铜 | 铁 | 铅 |
|---|---|---|---|---|---|---|
| 0.2 | 17 | 0 | 0 | 76.3 | 0.2 | 6.3 |

造像髡发，宽额高颧，面相圆润。长眉宽鼻，双目睁视，红唇微启。身躯端正挺直，比例匀称。身着僧坎、僧裙及右袒式袈裟，外披僧氅。僧衣、僧氅上刻有精美的花卉纹，衣褶及裙摆自然铺于座面之上。左手结禅定印，右手作说法印，全跏趺。仰覆莲座造型高大，上沿饰联珠纹一周，下沿饰精密的联珠纹两周，其间刻有几何纹饰。莲瓣圆润饱满，对称分布。莲座后刻有藏文题记，汉译为：隐士萨摩杰莫向上师宝戒顶礼皈依。

宝戒生于1445年，圆寂于1517年，在1507年～1514年期间任夏鲁寺第八任主持。明代初期是我国用青铜铸造佛像的最后阶段，此像做工精细，神态生动，以高度写实的技法展现了上师宝戒在说法时的生动形象。

## 71.财宝天王像
Jambhala

15世纪　西藏

15th Century　Tibet

纽约佳士得2005年秋季拍卖会

高16.2厘米　重972克

黄铜鎏金　嵌宝石　局部彩绘

| 锑 | 锡 | 银 | 锌 | 铜 | 铁 | 铅 |
|---|---|---|---|---|---|---|
| 0 | 2.2 | 0 | 13.1 | 79.4 | 0.1 | 5.2 |

财宝天王又可称为“多闻天王”，为佛教四大天王之一（持国天王，增长天王，广目天王，多闻天王）。此尊造型源自公元14世纪尼泊尔铸造的同类题材造像。

造像头戴花冠，结高发髻，宽额丰颐，双目炯炯，神情肃穆。身穿铠甲，呈武将装饰，脚腋战靴。周身佩饰之处镶嵌宝石，手臂佩戴钏环。飘拂的缯带、披帛及衣袖富有强烈的动感。天王左手握宝鼠，右手持胜幢，舒坐于狮背之上。狮子回首昂望，侧头怒吼，尾巴翘起，雄壮而威猛。束腰式仰覆莲座宽大，仅在上沿饰联珠纹。莲瓣对称分布。原封底，封底盖上刻有十字金刚杵图案。

# 72. 黄财神像
Yellow Jambhala

17～18世纪　西藏
17～18th Century　Tibet

北京匡时2007年春季拍卖会
高15.5厘米　重2014克
红铜鎏金　局部泥金彩绘

| 锑 | 锡 | 银 | 锌 | 铜 | 铁 | 铅 |
|---|---|---|---|---|---|---|
| 0.1 | 0.1 | 0 | 1.9 | 97.8 | 0 | 0.1 |

造像头戴宝冠，发髻大攒，耳挂大圆环，耳际处宝缯上扬。面相方阔，双眉紧蹙，怒目圆睁，相容愠怒。肢体健硕，袒露胸腹，络腋呈人字形系结。佩饰耳环、瓔珞、项链、手镯、臂钏和脚镯，胸前和臂钏有花形饰物。肩上帔帛形似身光，尾端向上自然飘拂，动感十足。下身着裙，纹褶简洁流畅。身体微向左倾，左手持吐宝鼠，右手持利剑，游戏坐姿。吐宝鼠原是象鼻财神昆那夜迦的座骑，后演变成象征财富的神奇宝兽，是许多财神本尊的重要持物。单层莲座上沿饰联珠纹一周，莲瓣细长饱满，排列规整。下承卡垫造型规整，质地厚重，锦纹錾刻精美。

## 73. 多闻天王像
Vaisravana

17世纪　西藏

17th Century　Tibet

科隆伦佩茨2008年秋季拍卖会

高19.6厘米　重1875克

红铜鎏金

| 锑 | 锡 | 银 | 锌 | 铜 | 铁 | 铅 |
|---|---|---|---|---|---|---|
| 0 | 1.2 | 0 | 0 | 98.7 | 0.1 | 0 |

多闻天王，即毗沙门天王，是北方的守护神，为佛教四大天王中最著名的一位（持国天王，增长天王，广目天王，多闻天王）。

造像头戴宝冠，发髻高耸，顶饰摩尼宝。面庞方圆，蹙眉嗔目，平视前方，相容愠怒。耳际处缯带上扬，耳珰样式精美，中心为八瓣花形式，外缘饰小联珠纹。身穿铠甲，双肩及腰部以虎头为饰，其样式与中原地区的武士战袍极为相似。腰间系带，足蹬藏靴，衣角转折自然，衣袖上摆，动感十足。左手持鼬鼠，宝珠由鼠口鱼贯而出；右手原持胜幢，寓意可满足一切愿望，游戏坐姿。仰覆莲座造型规整，下沿饰精密的联珠纹一周。仰莲扁平舒展，紧贴座壁；覆莲饱满，布局舒展。莲座底部采用包底工艺，封底盖上刻有十字金刚杵图案。

此像造型别致，威武雄健，颇具武士威严。耳珰和莲座的造型样式带有浓郁的蒙古风格，服饰具有鲜明的中原特色，但在材料成分上则符合典型的西藏造像特点。综合所述，推测此像为东北藏区制作的带有蒙古及中原艺术特色的作品。

## 74.六臂白玛哈嘎拉像
White Six-armed Mahakala

17世纪　西藏

17th Century　Tibet

北京匡时2007年春季拍卖会

高22厘米　重2034克

黄铜鎏金　嵌宝石　局部泥金彩绘

| 锑 | 锡 | 银 | 锌 | 铜 | 铁 | 铅 |
|---|---|---|---|---|---|---|
| 0.1 | 0.4 | 0 | 3.1 | 92 | 0.2 | 4.2 |

玛哈嘎拉译自梵语“Mahakala”，常被称为“大黑天”。它原是古印度战神，能赐予贫困者福德，能保护在战争中求助的众生，后为藏传佛教中最重要的护法，备受蒙藏地区密教信徒尊崇。玛哈嘎拉有二臂、四臂和六臂形象，其中六臂玛哈嘎拉又有黑、白两色之分。六臂黑玛哈嘎拉为香巴噶举、觉囊及格鲁派之主护法。六臂白玛哈嘎拉原为香巴噶举之主护法，后成萨迦之主护法，是一位殊胜的财神护法，备受噶举派和萨迦派尊崇。

造像头戴五叶花冠，赤发上竖，三目圆睁，白牙呲露。身材矮胖，上身袒露，佩饰耳珰、珠宝璎珞、手镯、臂钏和脚镯。两肩帔帛自然飘垂，尾端向上蛇形翻卷。下身着裙，裙上满饰网状璎珞，裙摆自然展开，纹褶线条流畅。主臂左手托甘露宝瓶，右手捧摩尼珍宝；上二臂左手应持三叉戟，右手持钺刀；下二臂左手应持金刚钩，右手持手鼓。双腿直立，脚踏邪引天（八大天之一）。背光镂空，雕有火焰纹饰，背面满涂朱砂。束腰式仰覆莲座上沿饰联珠纹，桃形莲瓣饱满舒展，对称分布。原封底，封底盖上刻有十字金刚杵图案。此类造像一般产于后藏扎什伦布寺附近，做工精美，此造像在西藏本土的艺术手法上，融入了一些尼泊尔艺术元素，为清早期西藏造像精品。

## 75.罗桑却吉坚赞像
## Lobsang Chogyi Gyamtsen

16～17世纪　西藏

16～17th Century　Tibet

2006年美国纽约兵器库惠让

高23厘米　重4422克

红铜鎏金

| 锑 | 锡 | 银 | 锌 | 铜 | 铁 | 铅 |
|---|---|---|---|---|---|---|
| 0 | 2.2 | 0 | 1.1 | 96.1 | 0.1 | 0.5 |

罗桑却吉坚赞，即四世班禅（1567～1662年）。十三岁出家，学习刻苦，才华出众。曾与五世达赖派使者到盛京(今沈阳)向即将入关的清朝通好，主动表示归顺。四世班禅不仅是明末清初时期的藏传佛教格鲁派（黄教）领袖，也是一位杰出的政治领袖。他为促进满、汉、蒙、藏的民族团结，以及格鲁派的发展和维护祖国统一做出了重要贡献。

造像呈比丘像，额部凸起，后脑勺大，面相削瘦。双目睁视，鼻梁直挺，罐骨高隆，双唇抿起。下颌尖凸，脖颈现出喉结，具有典型的老年人体态特征。上躯端正，内着僧坎和僧裙，外披右袒式袈裟和僧氅。衣纹质地厚重，纹褶线条自然流畅，纹饰錾刻精美。双手刻划高度写实，左手托一经匣，右手抚膝，跏趺端坐。双层卡垫造型规整，素面无纹。卡垫后刻有藏文题记，汉译为“教法之主却吉坚赞贝，左第七”。原封底，封底盖上刻有十字金刚杵图案。此尊造像人物形象逼真，侧重对细节之处进行精雕细錾，可见清代西藏铸造上师像的技法极为娴熟。

# 76.阿旺罗桑嘉措像
Nyawang Lobsang Gyatso

16～17世纪　西藏

16～17th Century　Tibet

国内收购

高29厘米　重8325克

黄铜鎏金　局部泥金彩绘

| 锑 | 锡 | 银 | 锌 | 铜 | 铁 | 铅 |
|---|---|---|---|---|---|---|
| 0.1 | 1.6 | 0 | 3.9 | 94.2 | 0.1 | 0.1 |

阿旺罗桑嘉措，即五世达赖（1617～1682年）。明末清初时期，身为四世班禅学生的五世达赖喇嘛取得了藏传佛教的教主地位，从而进一步壮大了格鲁派势力，同时也成为了蒙藏人民的精神领袖。由于他对清代朝廷十分尊奉，致使喀尔喀、卫拉特等诸部对清增强了向心力。这种由此而产生的蒙藏地区和平局面，最终为清统一北部、西部边疆创造了有利条件。由此可见，五世达赖喇嘛为清朝政府做出了重要的贡献。

造像面相英俊，额际宽广，双目圆睁，表情慈和。上身端正，内着僧坎和僧裙，外披右袒式袈裟和僧氅。衣纹质地厚重，线条自然流畅，全身錾刻精美的缠枝花卉、锦纹和龙纹。双手刻划高度写实，左手原托经箧，右手作说法印，跏趺端坐。双层卡垫造型规整，四边无棱角，锦纹刻划精细。原封底，封底盖上刻有十字金刚杵图案。造像线条自然流畅，面部泥金彩绘保存完好，神态生动传神，雕刻工艺精湛，金色饱满悦目，为西藏祖师类造像之代表作。

## 77. 阿旺罗桑嘉措像

Nyawang Lobsang Gyatso

16～17世纪　西藏

16～17th Century　Tibet

国内收购

高37.5厘米　重7160克

红铜鎏金　局部泥金彩绘

| 锑 | 锡 | 银 | 锌 | 铜 | 铁 | 铅 |
|---|---|---|---|---|---|---|
| 0 | 0.9 | 0 | 1.8 | 96.4 | 0 | 0.9 |

造像头戴通人冠，意指重视戒律，这是格鲁派的重要标志。面相丰圆，额际高广，直鼻小口，表情肃穆。上身端正，体态丰满，内着僧坎和僧裙，外披右袒式袈裟和僧氅。衣纹质地厚重，纹褶线条自然流畅，花卉纹饰錾刻精美。双手刻划高度写实，左手托一经匣，右手作说法印，跏趺端坐。单层坐垫造型写实，素面无纹，四边无棱角，织物感厚重。台座正面两端雕花圆柱，四面分别雕铸双狮、护法神及金刚杵。造像端庄，体量高大，面部泥金彩绘保存完好，神态生动传神，雕刻工艺精细，为西藏祖师类造像艺术精品之作。

# 78.拉托托日年赞像
Lha Thothori Nyantsen

17世纪　西藏

17th Century　Tibet

2005年欧洲回流

高25厘米　重4770克

黄铜鎏金　局部彩绘

| 锑 | 锡 | 银 | 锌 | 铜 | 铁 | 铅 |
|---|---|---|---|---|---|---|
| 0 | 0.3 | 0 | 7.3 | 92.3 | 0 | 0.1 |

据文献记载，拉托托日年赞生活在公元4世纪前后。自吐番第一代聂赤赞普以来，历代吐蕃王皆以苯教为护国教，直到第二十七代吐蕃王拉托托日年赞时期，佛教正值传入吐蕃地区。由于他护持佛教，所以成为了西藏历史上家喻户晓的人物。目前，能够反映拉托托日年赞的题材造像极为罕见。据史料记载，自公元3世纪，吐番赞普的服饰就已与众不同。

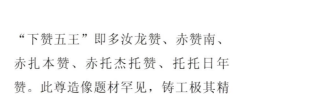

造像头戴五叶花冠，顶髻缠巾。这种用丝带缠绕的高冠亦可称为“朝霞冠”。面庞方圆，眉眼细长，白毫凸显，直鼻小口。躯体圆浑壮硕，胸腹凸显，身着翻领长袍，腰间系丝带，足蹬高靴。衣纹自然写实，厚重而流畅。左手托经书，右手托宝塔，半跏趺坐。方形台座前方垂下一条卡垫，两侧双狮托举台面。台座后方底部边沿刻有藏文题记，汉译为：雪域正法之始祖托托日/ 右第三。第二十七代吐蕃王拉托托日年赞时，有物从天降，内有《宝箧经》、《六字真言》、《诸佛菩萨名称经》和一座金塔，人无识者，因名之为玄秘神物。后世以此为佛法传入西藏之始，故此一题记以dbu brnyes（起始，始祖）名之。“右第三”说明该作品是成组作品中的一尊，按此编号可以推知，这组作品左右的前六尊当为赞普松赞干布及其之前的“下赞五王”。“下赞五王”即多汝龙赞、赤赞南、赤扎本赞、赤托杰托赞、托托日年赞。此尊造像题材罕见，铸工极其精湛，当为西藏官方铸造。

# 79.格萨尔王像
King Gesar

18世纪　西藏

18th Century　Tibet

国内收购

高11.3厘米　重376克

黄铜鎏金　局部彩绘

| 锑 | 锡 | 银 | 锌 | 铜 | 铁 | 铅 |
|---|---|---|---|---|---|---|
| 0 | 0.31 | 0 | 5.78 | 93.16 | 0 | 0.75 |

格萨尔王生于公元1038年，自幼家贫，与母相依为命。16岁参加赛马选王时，力战群雄，随后称王，尊号“格萨尔”。此后，格萨尔王一生除暴安良，南征北战，先后统一了150多个部落，岭国领土始归一统。公元1119年，格萨尔去世，关于他造福藏族人民的光辉业绩在我国西藏及周边地区广泛流传。目前，能反映格萨尔王的题材造像极为罕见。

造像半跏趺坐，头戴尖顶帽，其样式与西藏赞普常戴的帽子相同。面庞丰满，剑眉微蹙，怒目圆睁，神态威武凛然。身着交领长袍，衣袖上摆，动感十足。腰间系带，足蹬藏靴，衣角转折自然，衣纹厚重写实。耳珰、项链等饰物十分简洁，长链珠粒硕大，显得格外沉重。双层卡垫素面无纹，座面上铺有邪恶之人皮，象征着格萨尔王征服的东南西北四大妖魔王。造像题材稀有，人物姿态威武，再现了格萨尔王扬善抑恶的飒爽英姿。

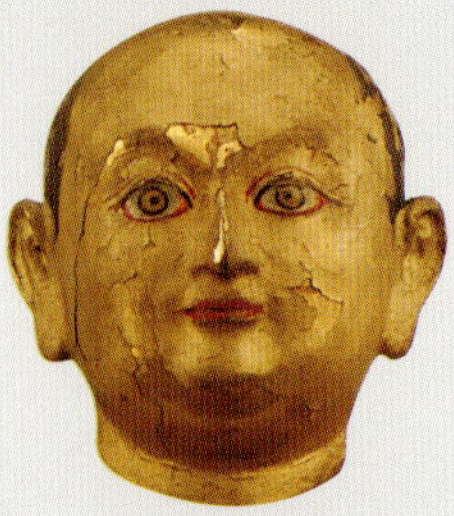
五世达赖

五世达赖

噶举派上师

噶举派上师

四世班禅

米拉日巴

萨迦派上师

萨迦派上师

手托宝塔

金刚总持

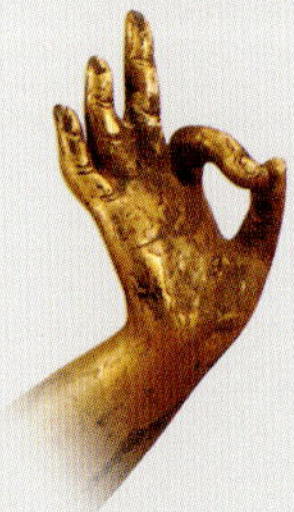
说法印

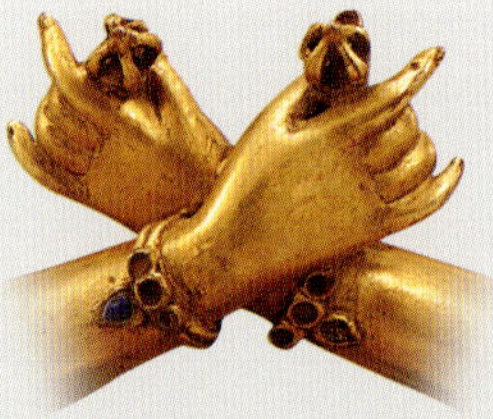
拥智慧尊印

拥智慧尊印

莲花日轮座

梯形束腰式仰覆莲座
（施葵花籽形莲瓣）

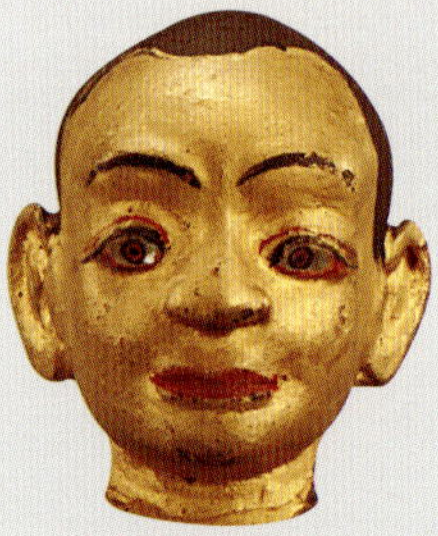
夏鲁派上师

转轮王座（毗瓦巴）

释迦牟尼

深束腰式仰覆莲座下沿满刻梵文经咒

仰覆莲座（莲瓣形似双卵）

莲花生大师

梯形仰覆莲座（莲瓣形似水滴）

雕有双狮、护法神及金刚杵的台座

# 明永乐、宣德宫廷造像

# Statues of Royal Style from Yongle to Xuande Period, Ming Dynasty

明朝初期，明太祖朱元璋（1368～1398年）定都于应天府（今南京），与西藏各大教派在政治上的相互关系十分密切。明永乐时期（1402～1424年），朝廷对西藏的分封政策进行了大幅度调整，使其对西藏的政教合一制度更具针对性。同时，为能更好地实行宗教笼络政策，宫廷特设造像机构（佛作，隶属御用监）制作藏式佛像，主要用作赏赐和馈赠西藏的重要宗教人士及供皇帝观修之用。明宣德时期，社会发展稳定，君臣及各地方之间关系融洽，造像规模及数量明显少于永乐时期。

公元1406年，永乐皇帝朱棣下诏在元代皇宫的旧址上大规模建造宫殿，并于永乐十九年由南京迁都至北京。根据《西藏史料》记载，公元1406～1408年间，西藏僧团与明成祖之间已开始互赠佛像。说明当时永乐宫廷已开始制作佛像，而且这一时期造像的产地应先在南京，后在北京。造像莲座台面的正前方刻有“大明永乐年施”和“大明宣德年施”六字款，没有采用汉地传统的倒书格式，而是顺应藏族民众的读写习惯。

永乐、宣德时期宫廷造像融合了尼泊尔、东北印度及中原造像等多元艺术风格，造型设计完美，精致而典雅，已达到金铜造像艺术的巅峰，对历史、宗教、艺术的发展产生了重要的推动。早期永乐宫廷造像体态优美，装饰繁缛，局部带有较多的尼泊尔造像遗风，如莲瓣细长饱满，劲健有力，尖部卷成三颗圆珠状等；后期造像体态逐渐转向平稳，面庞饱满，具汉人面相特征，造像规格有所增大，高度约在25厘米左右，莲瓣较为宽肥，带卷草纹。宣德宫廷造像承袭了后期永乐造像风格，其体态更为饱满，高度多在25厘米之上。面相宽平，衣纹质感强烈，汉化特征明显。莲瓣更加宽肥，卷草纹饰复杂，更具有立体感。

据统计，目前发现的永乐、宣德时期的宫廷造像题材约三十余种，在数量上明显少于藏传佛教造像的题材种类。但是，这些题材多被藏传佛教的各大教派共同信奉，对当时宗教和政治方面有着极其重要的意义。

本章节收录的两对金刚铃杵是永乐宫廷之杰作，铃音清脆悦耳；造像均为菩萨装，失蜡法整体铸造。造像的金属成分非常稳定，铜含量介于80%～85%之间，锌含量约15%，材质均为黄铜；铅含量介于1%～2%，既保证了铜液的流动性，又保证了鎏金的亮度。封底盖的锌含量要比佛像高出2%～3%，颜色黄中泛白，质地坚硬。造像题材多为典型的文殊菩萨、观音菩萨和金刚手菩萨，是大智、大悲、大力的象征。此类造像头戴弯月形宝冠和发髻冠，结高发髻，发丝清晰，余发束绺披搭双肩。耳际处有扇形冠结和U形缯带，耳珰为圆形，中心为六瓣花形式，八瓣花形式较少。造像面部神态多为静中带笑，眉眼细长，两颊丰润。身体柔软，肩宽腰细，形象妩媚，内含动感与力量感。衣纹线条流畅，胸腹间和裙带处饰繁缛的U形璎珞，手、臂、踝佩戴钏镯。帔帛具有动感，与造像的身姿和华丽的装饰搭配在一起显得非常协调。莲座造型规范，立像下承单层莲座，上沿饰联珠纹一周。坐像下承深束腰式仰覆莲座，上下沿均饰有同样大小的联珠纹一周。莲瓣细长饱满，对称分布，卷云纹颇具立体感。封底严实，八刀垛口规整，剁刺分布均匀，封底盖上刻有十字金刚杵图案，周边可见封护所用朱砂。

永乐、宣德时期的宫廷造像为汉藏佛像艺术增添了新的气息，寓意深刻的造像题材和精雕细刻的工艺，反映了在处理汉藏关系方面的严谨态度。特别是永乐王朝依据西藏各大教派的不同势力和所处的不同地区，采取不同的分封政策。与此同时，利用精美的造像作为赏赐，通过西藏宗教领袖的影响力，加强了政府对西藏的主权控制地位。由于明嘉靖和崇祯年间的毁佛事件，大部分与汉文化相悖的造像遭到毁坏。目前，明永乐、宣德时期的宫廷造像存世的仅约三百余尊。其中，国外博物馆和私人收藏约一百尊，国内博物馆、寺庙及私人收藏约两百尊。造型优美大方，装饰华丽精巧，衣纹柔软流畅，金色绚丽沉稳，展现出一种无与伦比的成熟之美。

## 80.四臂观音像
## Four-armed Avalokitesvara

明永乐　南京

Yongle Period, Ming Dynasty　Nanjing

北京翰海2004年秋季拍卖会

高21.5厘米　重2554克

黄铜鎏金

| 锑 | 锡 | 银 | 锌 | 铜 | 铁 | 铅 |
|---|---|---|---|---|---|---|
| 0.1 | 0.3 | 0 | 11.6 | 86.5 | 0.3 | 1.2 |

四臂观音是藏传佛教密宗本尊之一，与文殊菩萨和金刚手菩萨合称"三族姓尊"，代表大悲、大智、大力。四臂观音不仅是民间寺院供奉的主尊佛像，也是明清时期宫廷崇奉的藏传佛教重要神祇。

造像头戴弯月形宝冠，束发高髻，髻前端坐阿弥陀佛，两绺余发披搭双肩。耳上扇形冠结横出，耳际处宝缯呈U形上扬。耳珰为圆形，中心为六瓣花。面相丰圆，白毫凸显，眼睑低垂，面容和煦。身姿端正，双肩宽厚，腹部紧收，脐窝深陷。身着天衣绸裙，两肩帔帛绕臂卷曲之后自然垂落。衣纹呈三层皱褶，写实而富于变化，尤显自然流畅，为明代宫廷造像的惯用手法。四肢佩戴钏镯，胸前饰珠宝璎珞，其布局样式也同样用在由璎珞编织的腰带上。主臂双手合掌，左上手持莲花，右上手拈念珠，跏趺端坐。束腰式仰覆莲座造型宽大，上下沿均饰联珠纹一周，座面镌刻"大明永乐年施"六字款。莲瓣细长，形似菊花瓣，不饰云朵，对称分布，其样式常见于当时的西藏和尼泊尔造像之中，堪称明代宫廷造像中之精品。

大明永樂年施

## 81.四臂观音像
Four-armed Avalokitesvara

明永乐　南京

Yongle Period,Ming Dynasty　Nanjing

北京保利2008年春季拍卖会

高10.5厘米　重298克

黄铜鎏金

| 锑 | 锡 | 银 | 锌 | 铜 | 铁 | 铅 |
|---|---|---|---|---|---|---|
| 0 | 0.4 | 0 | 14.2 | 83.9 | 0 | 1.5 |

此像高度仅有10.5厘米，是现存明代宫廷造像中尺寸最小的。类似大小的佛像目前仅见北京首都博物馆藏“大明永乐年施”款铜鎏金绿度母像。

造像头戴弯月形宝冠，束发高髻，髻前端坐阿弥陀佛。耳上扇形冠结横出，耳际处宝缯呈U形上扬，两绺余发披搭双肩。耳珰为圆形，中心为六瓣花。面相俊美，长眉细目，双目微合，表情慈柔。身姿端正，腰部以上呈扇形，腹部紧收，脐窝深陷。身着天衣绸裙，两肩帔帛绕臂卷曲之后自然垂落。衣纹呈三层皱褶，写实而富于变化，尤显自然流畅，为明代宫廷造像的惯用手法。四肢佩戴钏镯，胸前饰珠宝璎珞，其布局样式也同样用在由璎珞编织的腰带上。主臂双手合掌，左上手持莲花，右上手拈念珠，跏趺端坐。束腰式仰覆莲座造型高大，上下沿均饰联珠纹一周，座面镌刻“大明永乐年施”六字款。莲瓣细长秀美，生动挺拔，对称分布。造像身材比例匀称，雕刻工艺精湛，装饰繁缛亮丽，金色饱满悦目。以其重要价值和稀有体量，堪称明代宫廷造像中之精品。

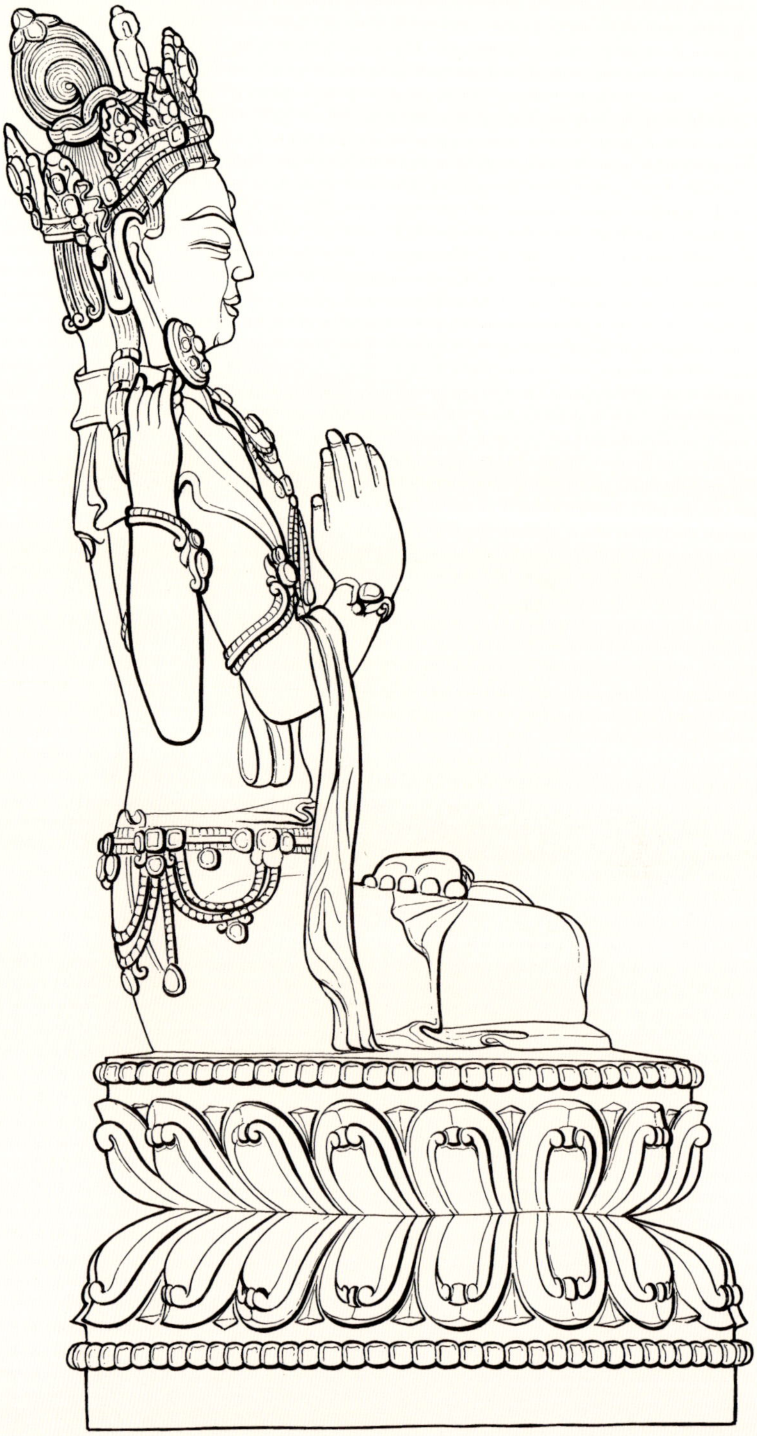

大明永樂年施

# 82. 文殊菩萨像
## Manjushri Bodhisattva

明永乐　南京

Yongle Period, Ming Dynasty　Nanjing

国内收购

高15.5厘米　重840克

黄铜鎏金

| 锑 | 锡 | 银 | 锌 | 铜 | 铁 | 铅 |
|---|---|---|---|---|---|---|
| 0 | 0 | 0 | 14.7 | 83.6 | 0.2 | 1.5 |

造像头戴弯月形宝冠，束发高髻，顶饰摩尼宝珠。耳上扇形冠结横出，耳际处宝缯呈U形上扬，两绺余发披搭双肩。耳珰为圆形，中心为六瓣花。面容娟秀，弯眉细目，眼睑低垂，神态安详。腰部呈S形，腹部紧收，脐窝深陷，柔软而富有弹性。身着天衣绸裙，两肩帔帛绕臂卷曲之后自然垂落，衣纹呈三层皱褶。四肢佩戴钏镯，胸前饰珠宝璎珞，其布局样式也同样用在由璎珞编织的腰带上。左手拈一莲茎，结三宝印，花蕊上奉置经书；右手擎利剑，跏趺端坐。束腰式仰覆莲座，上下沿均饰联珠纹一周，座面镌刻“大明永乐年施”六字款。莲瓣细长秀美，对称分布。原封底，封底盖上刻有十字金刚杵图案，周边可见均匀分布的剁刺和封护所用的朱砂。造像雕刻工艺精湛，装饰繁缛亮丽，金色饱满悦目，为明永乐宫廷造像艺术精美之作。

大明永樂年施

## 83.文殊菩萨像
Manjushri Bodhisattva

明永乐　南京

Yongle Period, Ming Dynasty　Nanjing

国内收购

高19.5厘米　重1284克

黄铜鎏金

| 锑 | 锡 | 银 | 锌 | 铜 | 铁 | 铅 |
|---|---|---|---|---|---|---|
| 0 | 0.3 | 0 | 16.1 | 81.9 | 0.1 | 1.5 |

造像头戴弯月形宝冠，束发高髻，顶饰摩尼宝珠。耳上扇形冠结横出，耳际处宝缯呈U形上扬，两绺余发披搭双肩。耳珰为圆形，中心为六瓣花。面相方圆，白毫凸显，颜面端庄，具有明显的汉人特征。弯眉细目，眼睑低垂，双唇微启，表情慈柔。腰部呈S形，腹部紧收，脐窝深陷。身着天衣绸裙，两肩帔帛绕臂垂落，尾端于体侧向上自然飘拂，衣纹呈三层皱褶。四肢佩戴钏镯，胸前饰珠宝璎珞，其布局样式同样用在由璎珞编织的腰带上。跏趺端坐，双手各拈一枝莲茎，肩头花蕊上分别奉经书和宝剑。束腰式仰覆莲座，上下沿均饰联珠纹一周，座面镌刻“大明永乐年施”六字款。莲瓣细长秀美，对称分布。

大明永樂年施

# 84.文殊菩萨像

Manjushri Bodhisattva

明永乐　北京

Yongle Period,Ming Dynasty　Beijing

北京匡时2006年秋季拍卖会

高26厘米　重3456克

黄铜鎏金

| 锑 | 锡 | 银 | 锌 | 铜 | 铁 | 铅 |
|---|---|---|---|---|---|---|
| 0 | 0.3 | 0 | 12.4 | 85.8 | 0.1 | 1.4 |

造像头戴弯月形宝冠，束发高髻，顶饰摩尼宝珠。耳上扇形冠结横出，耳际处宝缯呈U形上扬，两绺余发披搭双肩。耳珰上部为圆形，中心为八瓣花，下部有花叶。面相方圆，白毫凸显，颜面端庄，具有明显的汉人容貌特征。弯眉细目，双唇微启，眼睑低垂，表情慈柔。腰部呈S形，腹部紧收，脐窝深陷，柔软而富有弹性。身着天衣绸裙，两肩帔帛绕臂翻卷之后自然飘落，衣纹呈三层皱褶。四肢佩戴钏镯，胸前饰珠宝瓔珞，其布局样式同样用在由瓔珞编织的腰带上。跏趺端坐，双手各拈一枝莲茎，肩头花蕊上分别奉置经书和宝剑。束腰式仰覆莲座造型高大，上下沿均饰联珠纹一周，座面镌刻“大明永乐年施”六字款。莲瓣细长秀美，对称分布。原封底，封底盖上刻有十字金刚杵图案，周边可见均匀分布的剁刺和封护所用的朱砂。造像体量高大，肢体线条优美，金色饱满悦目，为明永乐皇帝迁都北京后的宫廷杰作。

大明永樂年施

## 85.莲花手菩萨像
Padmapani Bodhisattva

明永乐　南京

Yongle Period, Ming Dynasty　Nanjing

2005年英国著名收藏家speelman先生惠让

高14厘米　重722克

黄铜鎏金

| 锑 | 锡 | 银 | 锌 | 铜 | 铁 | 铅 |
|---|---|---|---|---|---|---|
| 0 | 0.2 | 0 | 17.5 | 80.8 | 0 | 1.5 |

莲花手菩萨为观世音菩萨众多化身之一。在佛教传播之地广受欢迎，在印度、尼泊尔、西藏、蒙古及中原地区都会见到莲花手菩萨像。

造像头戴弯月形宝冠，束发高髻，顶饰摩尼宝珠。耳上扇形冠结横出，耳际处宝缯呈U形上扬，两绺余发披搭双肩。耳珰上部为圆形，中心为八瓣花，下部有花叶。面相方圆，白毫凸显，双唇微启，笑意纯真。腰部呈S形，腹部紧收，脐窝深陷，柔软而富有弹性。身着天衣绸裙，两肩帔帛绕臂卷曲之后自然垂落，衣纹呈三层皱褶。四肢佩戴钏镯，胸前饰珠宝璎珞，其布局样式同样用在腰带上。跏趺端坐，双手各拈一枝莲茎，两茎莲花齐肩绽放。束腰式仰覆莲座造型宽大，上下沿均饰联珠纹一周，座面镌刻“大明永乐年施”六字款。莲瓣细长秀美，对称分布。原封底，底盖上刻有十字金刚杵图案，周边可见均匀分布的剁刺和封护所用的朱砂。造像体态优美，工艺精细，为明永乐宫廷造像艺术精美之作。

大明永樂年施

# 86. 金刚手菩萨像
Vajrapani Bodhisattva

明永乐 南京

Yongle Period, Ming Dynasty Nanjing

纽约佳士得2005年秋季拍卖会

高21厘米 重2110克

黄铜鎏金

| 锑 | 锡 | 银 | 锌 | 铜 | 铁 | 铅 |
|---|---|---|---|---|---|---|
| 0.1 | 0.4 | 0 | 14.8 | 83.2 | 0.2 | 1.3 |

造像头戴弯月形宝冠，束发高髻，顶饰摩尼宝珠。耳上扇形冠结横出，耳际处宝缯呈U形上扬，两绺余发披搭双肩。耳珰为圆形，中心为六瓣花。面相方圆，白毫凸显，颜面端庄，具有明显的汉人面部特征。身姿挺拔，躯体健硕，肩胸宽厚，腰部收束。身着菩萨装，两肩帔帛质地柔软，自然垂落，衣纹呈三层皱褶。四肢佩戴钏镯，胸前饰珠宝璎珞，这种璎珞的样式也同样用在腰带上。左手结期克印，右手持金刚杵，为金刚手菩萨的重要标识。束腰式仰覆莲座造型宽大，上下沿均饰联珠纹一周，座面镌刻"大明永乐年施"六字款。莲瓣细长秀美，对称分布。原封底，封底盖上刻有十字金刚杵图案，周边可见均匀分布的剁刺和封护所用的朱砂。造像工艺精细，比例匀称，展现出金刚手菩萨除恶降魔的广大神力。

大明永樂年施

## 87. 金刚萨埵像
Vajrasattva

明永乐　南京

Yongle Period, Ming Dynasty　Nanjing

国内收购

高21.5厘米　重2208克

黄铜鎏金　局部泥金彩绘

| 锑 | 锡 | 银 | 锌 | 铜 | 铁 | 铅 |
|---|---|---|---|---|---|---|
| 0.1 | 0.2 | 0 | 15.6 | 83.4 | 0.1 | 0.6 |

此尊金刚萨埵男相而菩萨装，造型大方，在姿势、手印、装饰、面相诸方面都铸造的极为规范，凝露了尼泊尔、西藏及内地优秀匠师的智慧结晶，堪称我国金铜佛教造像史上的巅峰之作。

造像头戴弯月形宝冠，束发高髻，束发高髻，顶饰摩尼宝珠。耳上扇形冠结横出，耳际处宝缯呈U形上扬，两绺余发披搭双肩。耳珰为圆形，中心为六瓣花。面相方圆，白毫凸显，颜面端庄，为典型的汉人面部特征。双肩宽厚，胸部高挺，腹部紧收。身着菩萨装，两肩帔帛绕臂自然垂落，衣纹呈三层皱褶。四肢佩戴钏镯，胸前饰珠宝璎珞，其布局样式同样用在由璎珞编织的腰带上。跏趺端坐，左手持金刚铃，右手持十字金刚杵，为金刚萨埵的重要标识。束腰式仰覆莲座宽大，上下沿均饰联珠纹一周，座面镌刻“大明永乐年施”六字款。莲瓣细长秀美，对称分布。原封底，封底盖上刻有十字金刚杵图案，周边可见均匀分布的剁刺和封护所用的朱砂。造像面部泥金彩绘，神态生动自然，当为明永乐宫廷造像中之重要作品。

大明永樂年施

# 88.金刚铃、金刚杵（两对）
## Vajraghanta (Two Pairs of Vajras)

明永乐　南京

Yongle Period, Ming Dynasty　Nanjing

金刚铃为修法时所用法器，代表智慧与女性（即：阴性）。金刚杵原为古代印度兵器，后演变成密宗法器，代表慈悲与男性（即：阳性）。当手持者双手交叉，除隐喻男性与女性的亲密结合外，更代表慈悲与智慧的结合。金刚铃的握皈处施以鎏金，柄顶处由八个莲瓣与中央直杆组成的五股杵和九股杵。下为寂静相菩萨，头戴花冠，双目微合。铃上饰覆式莲瓣，莲瓣上刻有藏文六字真言“唵（ōng）、嘛（mā）、呢（nī）、叭（beì）、咪（mēi）、吽（hòng）”。其下环饰横置金刚杵和口吐珠宝的兽首。为了产生清脆的声响，金刚铃材质为青铜，其握柄处与金刚杵均为黄铜，并施以鎏金。铃内壁铸有代表身、语、意的梵文，同时铸有“大明永乐年施”六字款，制作工艺精湛，铃音清脆悦耳。

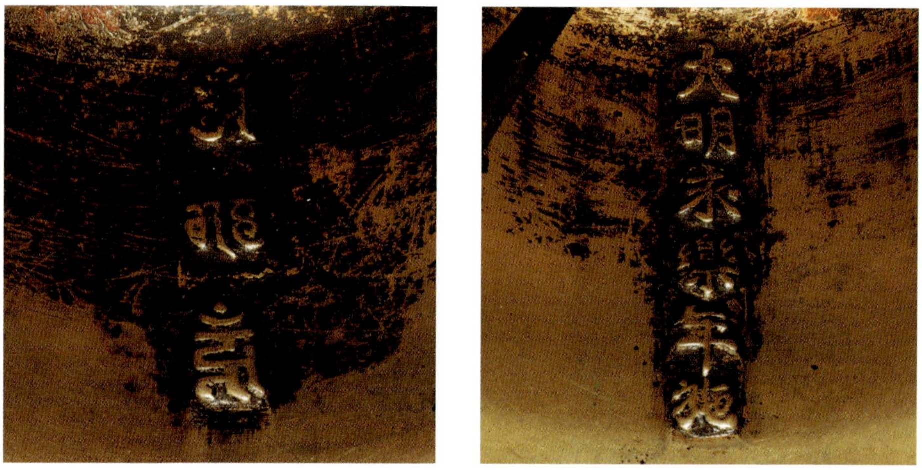


1

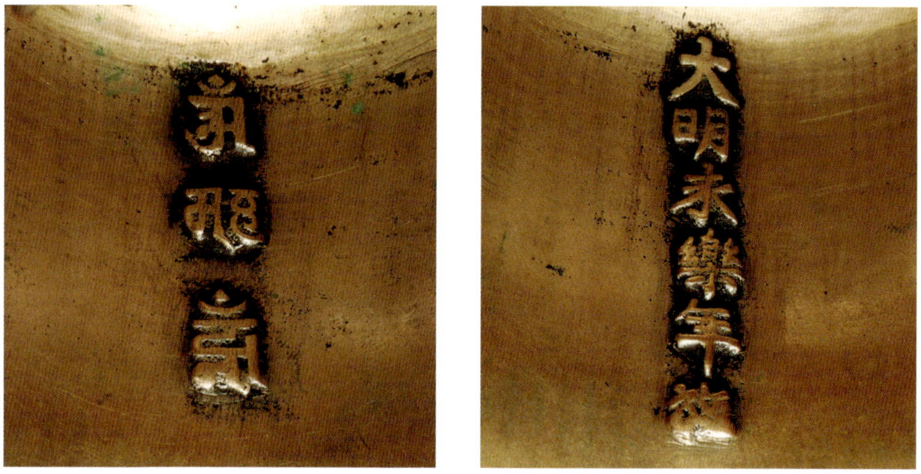


2

1.金刚铃（九股）、金刚杵

美国收购

铃高22.5厘米　内口径10厘米　重648克

青铜

杵长18厘米　重500克

黄铜

| | 锑 | 锡 | 银 | 锌 | 铜 | 铁 | 铅 |
|---|---|---|---|---|---|---|---|
| 铃 | 0 | 22.6 | 0 | 0 | 76.7 | 0.1 | 0.6 |
| 杵 | 0 | 0.5 | 0 | 18.4 | 79.5 | 0.1 | 1.5 |

2.金刚铃（五股）、金刚杵

国内收购

铃高22厘米　内口径9.5厘米　重674克

青铜

杵长17.8厘米　杵重408克

黄铜

| | 锑 | 锡 | 银 | 锌 | 铜 | 铁 | 铅 |
|---|---|---|---|---|---|---|---|
| 铃 | 0 | 21.9 | 0 | 0.2 | 77.6 | 0.1 | 0.2 |
| 杵 | 0.1 | 0.5 | 0 | 13.8 | 84 | 0.2 | 1.4 |

## 89. 金刚手菩萨像
Vajrapani Bodhisattva

明宣德　北京

Xuande Period, Ming Dynasty　Beijing

纽约iGavel公司2010年秋季拍卖会，原法国巴黎20世纪早期私人收藏

高26厘米　重3236克

黄铜鎏金

| 锑 | 锡 | 银 | 锌 | 铜 | 铁 | 铅 |
|---|---|---|---|---|---|---|
| 0.1 | 0.2 | 0 | 9 | 88.7 | 0.4 | 1.6 |

在藏传佛教造像中，金刚手菩萨有忿怒相，也有寂静相。目前，只发现明代宫廷造像中有寂静相的金刚手菩萨，可见明代宫廷改变了许多忿怒造像的原有面貌，符合当时汉地佛教的教化方式。

造像头戴弯月形宝冠，束发高髻，顶饰摩尼宝珠。耳上扇形冠结横出，耳际处宝缯呈U形上扬，两绺余发披搭双肩。耳珰上部为圆形，中心为八瓣花，下部有花叶。面相丰润，白毫凸显，弯眉细目，鼻直而适中，双唇微抿。身材匀称，胸部高挺，腰部收束。身着菩萨装，两肩帔帛绕臂翻卷之后自然垂落，衣纹呈三层皱褶。四肢佩戴钏镯，胸前饰珠宝璎珞，其布局样式继承了永乐宫廷的造像艺术风格，同样用在由璎珞编织的腰带上，体现了皇家造像的高贵与气派。跏趺端坐，左手结期克印，右手持金刚杵，为金刚手菩萨的重要标识。束腰式仰覆莲座，上下沿均饰联珠纹一周，座面镌刻“大明宣德年施”六字款。莲瓣饱满，饰三朵卷云纹，对称分布。原封底，封底盖上刻有十字金刚杵图案，周边可见均匀分布的剁刺和封护所用的朱砂。造像姿态优美大方，工艺娴熟，金色饱满悦目。同时，在艺术风格、形象特征，表现手法上展现了一种创新的形式。

大明宣德年施

宣德宫廷金刚手菩萨寂静相

晚期永乐宫廷文殊菩萨

早期永乐宫廷金刚萨埵

手持莲花

手拈念珠

早期永乐宫廷文殊菩萨

早期永乐宫廷造像莲座常规样式

早期永乐宫廷造像莲座样式之一
（莲瓣形似菊花瓣）

晚期永乐宫廷造像莲座样式

宣德宫廷造像莲座样式

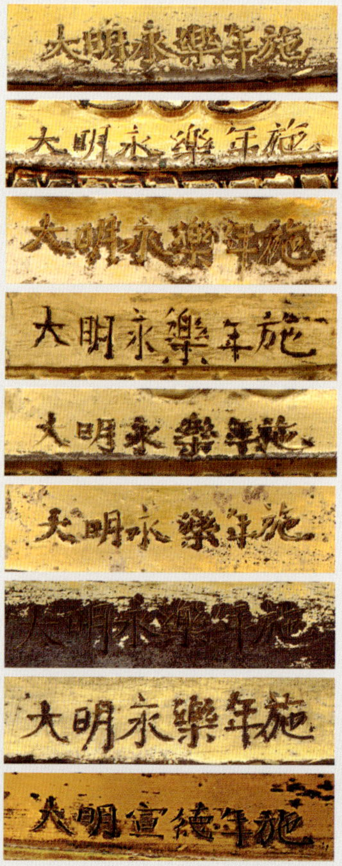


明永乐、宣德宫廷造像款识

# 明永乐、宣德宫廷风格造像

# Statues from Yongle to Xuande Period, Ming Dynasty

明永乐、宣德时期的宫廷造像见证了汉藏民族在宗教文化和佛教艺术上的交融与结合。这种新的艺术气象不仅影响到西藏，也对内地传统的造像艺术和当时内地所流行的藏传造像艺术有着强烈的影响。

明朝，北京曾大规模兴建藏传佛教寺庙，与佛教相关的文化兴办不辍，其目的主要是用作传播、传承藏传佛教。由此可见，汉藏民族之间的相互关系十分紧密，有些长居北京的藏族僧人常参与汉传佛教寺庙的建设中。除永乐、宣德时期的宫廷造像外，内地在正统、景泰、成化、正德、嘉靖、万历和崇祯年间都有铸造佛像，在艺术风格上带有永乐、宣德时期宫廷造像的遗风。这一时期汉地造像的传统面貌有了明显改变，特别是佛和菩萨类题材均带有鲜明的藏式造像特点，反映了明代藏传佛教艺术在内地发展的真实面貌。

本章节收录的明早、中期的佛像风格成熟，体量高大，造型完美，工艺精湛，特征鲜明。头戴宝冠的佛像通常佩戴耳珰、手镯、臂钏等简单饰物，不戴宝冠的佛像普遍流行高肉髻，宝珠顶严，髻珠显露，与汉地造像的传统头饰有所不同。面相丰圆，神态祥和，给人一种可亲可近的感觉。躯体饱满结实，有的造像内着僧祇支，右肩搭有偏衫，展示了袈裟的一种新式披法。造像采用内地传统的手法处理衣纹，粗重写实，折叠曲复，质感强烈。袈裟边缘满敷的缠枝花卉十分精细，这种装饰手法在内地的汉藏佛教艺术作品中最早仅见于明朝初期。菩萨像的头饰由花冠和发髻冠组成，身材比例匀称，腰部收束明显，周身装饰华丽，尤以U形璎珞最为突出。两肩帔帛一般在肘部绾成环状，末端从腿前轻轻垂下。莲座样式多为半月形束腰式仰覆莲座，座后通常会留有小片空白区域。莲瓣宽肥饱满，端部的卷草纹饰较为复杂，富有强烈的立体感。

总体上看，明早、中期造像在西藏造像艺术的基础上融入了更多的内地审美情趣、表现手法和工艺，有着较为统一的模式。造像姿态趋于端正，不突出个性化特点，特别注重装饰，是这一时期造像艺术风格形成的主要因素。明代皇室信奉佛教，成为当时推动佛教造像趋向世俗化发展的重要原因之一，造像的汉化程度明显加大，在造型、面相、姿势及装饰等方面满足了注重外在表现形式的世俗审美观念。此类造像向我们展示了明代永乐、宣德宫廷艺术影响下的最高造像成就。

作为汉藏金铜造像艺术结合的经典样式，当与明朝北京众多佛教寺庙有着直接关系，具有重要的宗教文化和艺术价值。

## 90.宝冠释迦牟尼像
Crowned Shakyamuni

明早期　内地

Early Ming Dynasty　China Inland

北京匡时2007年春季拍卖会

高52厘米　重16700克

青铜

| 锑 | 锡 | 银 | 锌 | 铜 | 铁 | 铅 |
|---|---|---|---|---|---|---|
| 0.3 | 6.4 | 0 | 0 | 83 | 0.1 | 10.2 |

密教形成之前，佛像仅穿袈裟，不戴任何饰物；形成之后，佛像不仅佩戴宝冠，还在身体各部位佩戴饰物。这种宝冠佛的形象分别传入了印度西北部、中国西藏和中亚地区。此尊佛像在西藏造像艺术的基础上，融入了内地佛教造像的传统审美情趣，侧重对汉人面相特征和脸部表情的细节刻画，强调手脚的柔软度和指节纹路的清晰度。在服饰上展现了一种袈裟的新式披法，一改“通肩式”和“右袒式”袈裟的传统披法。采用内地惯用的写实性手法处理衣裙纹褶，追求厚重、流畅、自然、生动的效果，并在衣缘处錾刻精美的缠枝花卉纹。以上这些特征分别反映出佛教造像艺术在民族化的发展进程中越来越讲究人物造型与服饰搭配的整体艺术效果。

造像头戴宝冠，饰螺发，肉髻圆隆，宝珠顶严。耳上扇形冠结横出，耳际处宝缯上扬，两绺余发披搭双肩。耳珰上部为圆形，中心为六瓣花，下部为花叶。宝冠叶片大而舒展，冠叶正中的宝相花左右各出一茎向上呈弯月形，为14～16世纪西藏造像的常规冠式。其余四片冠叶与耳珰下部的花叶样式相同。面庞丰满，双目低垂，直鼻小口。下颌圆润，双唇微启，神态和颜悦色。身姿端正挺拔，肩部宽阔，腰部收束。颈部雕有三道蚕节纹，四肢佩饰单环式手镯和双环式臂钏、脚镯，右臂上可见花形饰物。上身斜披袈裟，右肩搭偏衫；下身着僧裙，胸前微露僧祇支。左手结禅定印，右手施触地印，跏趺端坐。梯形束腰式仰覆莲座，上下沿均饰联珠纹一周。莲瓣宽肥饱满，饰三朵卷云纹，对称分布。造像端庄大气，铜质光亮润泽，雕刻工艺精细，是目前尺寸最大、最完整的一尊明代青铜造像，对研究明早期佛教造像艺术有着重要的意义和参考价值。

## 91. 释迦牟尼像
Shakyamuni

明早期　内地

Early Ming Dynasty　China Inland

斯图加特纳高2007年秋季拍卖会

高35厘米　重4204克

黄铜鎏金　局部彩绘

| 锑 | 锡 | 银 | 锌 | 铜 | 铁 | 铅 |
|---|---|---|---|---|---|---|
| 0 | 1.2 | 0 | 15.9 | 76.3 | 0.3 | 6.3 |

明宣德之后，汉藏造像艺术在永宣时期造像艺术的基础上继续交融与发展。从这一时期传世不多的作品中可以看出，造像在风格、手印、姿势及面相等诸方面均能展现出高超的雕铸技法，制作严谨，造型规范，同时也富有更多的内地审美情趣。

造像头饰螺发，肉髻高隆，髻珠凸显，宝珠顶严。面庞饱满，眼角和嘴角略微上翘，神态祥和。眼睛、嘴唇存有色料痕迹，当为开光仪式上的画彩残留。身姿端正，躯体圆浑健硕，上身斜披袈裟，右肩搭有偏衫；下身着僧裙，胸前露出僧祇支。采用内地惯用的写实性手法处理衣裙纹褶，同样追求厚重、流畅、自然、生动的效果，并在衣缘处錾刻精美的缠枝花卉。手脚刻划柔软写实，左手结禅定印，右手施触地印，跏趺端坐。束腰式仰覆莲座，上下沿均饰联珠纹一周。莲瓣饱满，饰三朵卷云纹，对称分布。造像端庄大气，雕工精湛，虽无款识，但在图像、材质、工艺等诸多方面带有明显的宣德宫廷造像特点。

# 92.无量寿佛像
Amitayus Buddha

明早期　内地

Early Ming Dynasty　China Inland

北京保利2009年秋季拍卖会

高50厘米　重10980克

黄铜

| 锑 | 锡 | 银 | 锌 | 铜 | 铁 | 铅 |
|---|---|---|---|---|---|---|
| 0 | 0.6 | 0 | 19.2 | 73.8 | 0 | 6.4 |

造像头戴弯月形宝冠，束发高髻，顶部束成宝珠形，样式精美。冠沿饰两排联珠纹，没有完全盖住额部整齐的发丝，工艺精细。耳上扇形冠结横出，耳际处宝缯上扬，余发束绺垂搭双肩。耳珰上部为圆形，中心为八瓣花形式，下部为花叶，继承了永宣宫廷造像的常规样式。面庞饱满，慈眉善目，双唇微启，笑意纯真，具有明显的汉式造像特征。身姿端正，肩披披肩，胸部挺拔，腰部收束。身着天衣绸裙，披帛具有强烈的织物感，绕臂自然卷拂，尾端从腿前轻轻垂下。在裙裳纹褶的处理上，特别讲究转折起伏、两边对称、流走自然的生动效果。周身饰物华丽，四肢佩戴钏镯，胸前U形璎珞装饰和数根珠串极为精美，其样式同样用在由璎珞编织的腰带上。手脚刻划柔软写实，双手结禅定印，跏趺端坐。束腰式仰覆莲座，上下沿均饰联珠纹一周。莲瓣宽肥饱满，饰三朵卷云纹，对称分布。

此尊造像承永乐、宣德宫廷造像之风，装饰繁缛华丽，身材比例匀称。从造型、材质、工艺等特征看，应为永宣宫廷早期内地造像之精品。

## 93.释迦牟尼像
Shakyamuni

明早中期　内地

Early-middle Ming Dynasty　China Inland

天津市文物公司2005年春季拍卖会

高35厘米　重6665克

黄铜鎏金　见肉泥金　局部彩绘

| 锑 | 锡 | 银 | 锌 | 铜 | 铁 | 铅 |
|---|---|---|---|---|---|---|
| 0.1 | 0.1 | 0 | 8.1 | 91 | 0.3 | 0.4 |

明永乐至嘉靖年间，由于藏传佛像艺术对汉地传统造像艺术的深入影响，造像普遍流行高肉髻、束腰式莲座等等，与藏式造像的样式极为相似。从造型、工艺及金属成分特征看，此像应为明正统至成化时期的作品。

造像头饰螺发，肉髻高隆，宝珠顶严。面庞饱满，眼角和嘴角略微上翘，神态祥和。眼睛、嘴唇存有色料，当为开光仪式上的画彩，神态庄严尊贵。上躯端正，肩胸宽厚，内着僧祇支，外着袒右式袈裟。衣裙纹褶流畅自然，写实而富于变化，衣缘纹饰錾刻精美，为内地惯用的写实性处理手法。手脚刻划柔软写实，左手结禅定印，右手施触地印，跏趺端坐。束腰式仰覆莲座，上下沿均饰联珠纹一周。莲瓣饱满，饰三朵卷云纹，对称分布。

造像身材匀称，雕工精湛，金色饱满，为明早中期内地造像之精品。

## 94. 迦陵频伽像
Kalaviuka

明早期　北京

Early Ming Dynasty　Beijing

2005年美国回流

高27厘米　重3022克

黄铜鎏金

| 锑 | 锡 | 银 | 锌 | 铜 | 铁 | 铅 |
|---|---|---|---|---|---|---|
| 0 | 2.27 | 0 | 8.63 | 83.72 | 3.18 | 2.2 |

迦陵频伽是梵语“kalavinka”的音译。据传，此鸟产于印度，其声音美妙动听，婉转如歌，为佛教中一种神鸟。印度人认为它是音乐的祖师，故而在佛经中又作“美音鸟”或“妙音鸟”。在净土曼荼罗中，此鸟以人头鸟身的形像示现。

造像头戴弯月形宝冠，束发高髻，顶饰摩尼宝珠。冠沿饰两排联珠纹，其间纹饰錾刻精美，没有完全盖住发丝。耳上扇形冠结横出，耳际处宝缯呈U形上扬。耳珰上部为圆形，中心为八瓣花形式，下部为花叶，采用了明代永宣宫廷造像的常规样式。面相圆润，细眉高鼻，白毫凸显，双目圆睁平视。袒上身，展双翅，对羽毛和鸟足利爪的刻划尤为写实、精细。手镯、臂钏均有花形装饰，胸前佩饰双环式珠宝项链，样式美观大方。胸前双手合掌，腰系珠宝丝带，帔帛呈倒U形自然飘拂于体侧。莲座造型端正大方，上下沿各饰联珠纹。莲瓣宽肥饱满，圆珠凸起，排列规整。此像题材罕见，开脸精美，眼部刻划尤为突出，整体造型生动，装饰华美。具有典型的明代宣德宫廷风格造像艺术特点。

宝冠释迦牟尼

释迦牟尼

释迦牟尼

触地印

无量寿佛

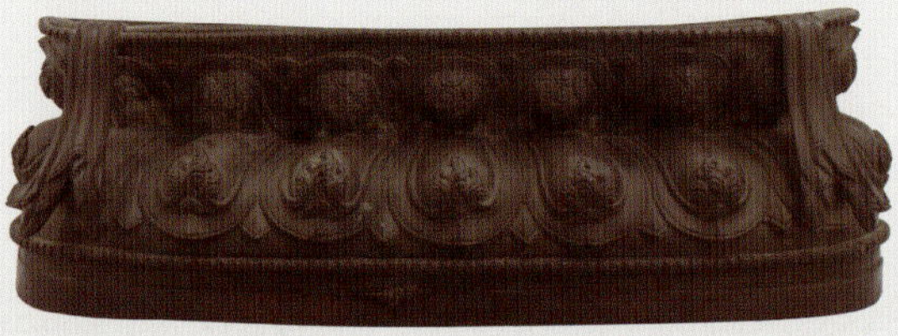

明早期青铜铸造的宣德宫廷风格莲座
（前方两端有垂下的帛带）

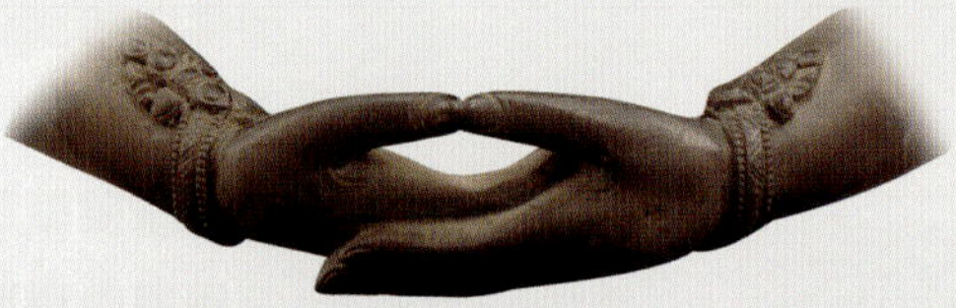

禅定印

明早期宣德宫廷风格莲座
（莲瓣饰三朵卷云纹）

明早期宣德宫廷风格莲座
（莲瓣饰三朵卷云纹）

明早期宣德宫廷风格莲座
（后方有浮起的空白区域）

明早期青铜铸造的宣德宫廷风格莲座
（后方施以满莲）

明早期宣德宫廷风格莲座
（后方有浮起的空白区域）

# 清康熙宫廷风格造像

# Statues of Kangxi Period, Qing Dynasty

清朝初期，藏传佛教在我国西藏、蒙古、青海及新疆等地的影响力非常大，上层宗教人物在地方普遍拥有一定的政权。这一时期，势力强大的格鲁派（黄教）领袖五世达赖喇嘛（1617～1682年）领导的一些政治、宗教活动直接影响着清朝政府与西藏、蒙古等地方之间的关系。对此，清政府根据实地情况采取了多种不同政策，其中包括着力推崇藏传佛教在蒙藏地区的发展，并在多处兴建寺院，以此来稳定国家的局面，特别是对我国边疆地区加派了驻防大臣，进一步加强了国土统治。

在清代帝王中，康熙皇帝（1662～1722年）对藏传佛教十分崇重，曾册封过一世哲布尊丹巴活佛、一世章嘉国师、五世达赖喇嘛、五世班禅、七世达赖喇嘛等众多宗教上层人物，从而进一步推动了我国藏传佛教和佛教艺术的长期发展。康熙三十年（1691年），康熙皇帝在宫中特设中正殿念经处，召集了各族优秀的匠师制作佛像，此举标志着宫中与藏传佛教的关系开始步入了正常化。康熙宫廷造像在凝聚了明代汉藏两地造像艺术精髓的基础上，融入了蒙古造像的力量感，是继永乐、宣德宫廷造像之后的艺术巅峰之作。目前所发现的造像中，刻有康熙纪年款的极少，而大多无刻款的造像在样式、衣饰特征和工艺手法上与刻有纪年款的造像并无明显区别，金属成分非常稳定。不难看出，康熙宫廷造像在用材和工艺上对那些有能力制作同类佛像的寺庙和作坊的影响很大，其艺术风格、题材类型、造型样式和工艺手法在当时已成为“标准造像模式”。

康熙时期佛像端庄大气，神韵庄严华美，突出内在力度，金色璀璨夺目。面相丰圆，五官端正，直鼻小口，表情沉静。藏式风格造像带有明显的尼泊尔艺术特点，身体起伏明显，着右袒式袈裟，采用萨尔纳特式手法表现衣纹。汉藏风格造像躯体圆浑健硕，内着僧祇支，外披袈裟，袒右覆肩，采用了明代汉地造像的传统表现手法处理衣褶，衣纹厚重流畅，层次感强。

康熙时期的菩萨像现存数量多于佛像，通常顶结高发髻，头戴五叶花冠，冠叶中央和冠沿处嵌宝石，耳际处飘扬的缯带上端也常镶嵌宝石加以装饰。面相丰圆适中，其中一些造像的脸型十分清丽，似按康熙皇帝的真实相貌塑造而成，反映出这一时期普遍尊奉各大菩萨的信仰之风。造像身材比例匀称，腰肢细敛而富有力度，腹部颇具弹性，整体姿态优美。帔帛绕臂自然垂落，尾端垂至莲座前方，这种样式最早出现在明早中期的汉藏风格造像之中，至康熙时期再度流行。像身装饰华丽，喜嵌各种宝石，对耳珰、璎珞、项链和钏镯等饰物的细节处理一丝不苟。在衣褶的处理上，采用了明晚期的汉地传统表现手法，衣纹写实，衣缘上刻有精美的纹饰。莲座正面呈梯形，大多束腰较深，整体造型宽大，双层仰覆莲座上沿饰大联珠纹一周，有时下沿会饰同样大小的联珠纹一周；单层覆式莲座仅在上沿饰联珠纹一周。康熙早期造像的莲座施以满莲，但目前所发现的造像大多制作于康熙中晚期，莲座背面留有空白区域，莲瓣较宽大，饰三朵卷云纹。

总体上看，这一时期的造像风气十分盛行，随着金属资源需求量的剧增，政府时常禁止对金、银、铜、铁、铅等金属矿业的开采，资源紧缺是造像数量减少的重要原因。做工精美的佛像一般不会出自民间作坊，优秀的匠师往往直接效力于政府，出自宫廷和大型寺庙的造像在制作上有着统一的标准，在工艺上存有诸多共同特点。本章节收录的造像均由黄铜铸造，质地精良，硬度较高，胎体较厚。造像题材有佛、菩萨、护法及上师等，此章节虽然数量不多，但却凝聚了汉、满、蒙、藏等民族所具有的深厚文化内涵和艺术创造能力，对研究我国清代早期佛教造像有着极其重要的意义。

# 95.释迦牟尼像
Shakyamuni

清康熙　北京

Kangxi Period,Qing Dynasty　Beijing

科隆伦佩茨2007年秋季拍卖会

高33.5厘米　重8715克

黄铜鎏金　嵌宝石

| 锑 | 锡 | 银 | 锌 | 铜 | 铁 | 铅 |
|---|---|---|---|---|---|---|
| 0.8 | 5.1 | 0 | 14.2 | 73.8 | 0.5 | 5.6 |

造像头饰螺发，肉髻高隆，宝珠顶严。面轮丰圆，直鼻小口，双目低垂，表情静谧。眉间白毫嵌一东珠，这种做法在康熙时期仅用于重要造像之中，一般造像是不可采用的。身材比例匀称，特别突出四肢、双肩及胸部的雄健之美。上身斜披袈裟，右肩搭偏衫；下身着僧裙，胸前露出僧祇支。整体服饰特征沿承了明代汉地造像艺术风貌，衣裙纹褶线条自然流畅，全身衣着刻有精美的缠枝花卉。手脚刻划柔软写实，左手结禅定印，右手施触地印，跏趺端坐。束腰式梯形莲座，上沿饰联珠纹一周。莲瓣宽肥饱满，饰三朵卷云纹，对称分布。

此尊造像体量高大，整体铸造，通体鎏金。造型端庄大方，雕工精湛，着重展现内在力度，是康熙时期造像中之标准器。

## 96.四臂观音像
Four-armed Avalokitesvara

清康熙　北京

Kangxi Period,Qing Dynasty　Beijing

国内收购

高12.5厘米　重620克

黄铜鎏金　嵌宝石　局部彩绘

| 锑 | 锡 | 银 | 锌 | 铜 | 铁 | 铅 |
|---|---|---|---|---|---|---|
| 0.2 | 1.1 | 0 | 31 | 65.6 | 0.4 | 1.7 |

此像是以康熙本人模样塑造的标准造像，其艺术特点表现在大梯子座、大联珠纹、宽肥饱满的莲花瓣，以及繁缛的菩萨装束等，明显继承了明永宣时期宫廷造像的风格。

造像头戴五叶花冠，顶结葫芦形发髻，两绺余发披搭双肩。耳挂大耳珰，耳上扇形冠结横出，耳际处宝缯上扬。面相俊美，细眉高翘，双目低垂，表情沉静。身姿端正，双肩宽厚，腰部收束。佩饰珠宝璎珞、手镯、臂钏和脚镯，周身装饰之处嵌有各种宝石，呈现高贵典雅之气。身着天衣绸裙，纹褶自然流畅。左肩搭仁兽，帔帛绕臂垂落，尾端垂至莲座前面。腰系珠宝丝带，U形璎珞装饰极为华丽。主臂双手胸前合掌，左上手持莲花，右上手拈念珠，跏趺端坐。束腰式梯形仰覆莲座，上沿饰联珠纹一周，莲瓣饰三朵卷云纹，对称分布。原封底，底盖上刻有十字金刚杵图案。

## 97.四臂观音像
Four-armed Avalokitesvara

清康熙　北京

Kangxi Period, Qing Dynasty　Beijing

2008年台湾回流

高28厘米　重4940克

黄铜鎏金　局部彩绘

| 锑 | 锡 | 银 | 锌 | 铜 | 铁 | 铅 |
|---|---|---|---|---|---|---|
| 0.3 | 2.4 | 0 | 22.7 | 70.7 | 0.8 | 3.1 |

造像头戴五叶花冠，顶结葫芦形发髻，两绺余发披搭双肩。冠叶高大，叶片正中饰有宝珠，冠沿下露出整体的发丝，工艺精细。耳际处宝缯动感十足，尾端饰花苞，样式精美罕见。面相圆润，细眉高挑，双目低垂，神态安详。上身端正，肩胸宽厚，腹部紧收，富有力度。身着天衣绸裙，佩饰耳珰，双环式项链、长链、手镯、臂钏和脚镯，样式统一，工艺精细。左肩搭仁兽，帔帛绕臂自然垂落，尾端垂至莲座前方。腰系珠宝丝带，U形璎珞。衣裙纹褶线条自然流畅，并在衣缘上錾刻精美的缠枝花卉。主臂双手合掌，左上手持莲花，右上手拈念珠，跏趺端坐。束腰式梯形仰覆莲座，上下沿均饰联珠纹一周，莲瓣宽肥饱满，饰三朵卷云纹，对称分布。此尊造像艺术特征丰富，细节工艺处理完美，整体造型比例协调，体量高大，是康熙时期造像中之标准器。

# 98.文殊菩萨像
Manjushri Bodhisattva

清康熙　北京

Kangxi Period,Qing Dynasty　Beijing

国内收购

高10.6厘米　重492克

黄铜鎏金　嵌宝石　局部彩绘

| 锑 | 锡 | 镍 | 锌 | 铜 | 铁 | 铅 |
|---|---|---|---|---|---|---|
| 0 | 0.6 | 0.1 | 21.3 | 76.3 | 1.1 | 0.6 |

造像头戴五叶花冠，顶结葫芦形发髻，上饰摩尼宝珠。耳挂大耳珰，耳际处宝缯上扬，两绺余发披搭双肩。面相俊美，额际宽广，纤眉细目，神态怡然。上身略向左倾，腰部以上呈扇形，腹部紧收。佩饰珠宝璎珞、手镯、臂钏和脚镯，周身装饰之处嵌有宝石。身着天衣绸裙，两肩帔帛自然垂落，尾端垂至莲座前方。腰系珠宝丝带，U形璎珞。衣裙纹褶线条自然流畅，衣缘纹饰精美。左手拈一茎莲枝结三宝印，肩头花蕊上奉经书；右手高擎利剑，跏趺端坐。束腰式梯形莲座，上沿饰联珠纹一周，莲瓣宽肥饱满，饰三朵卷云纹，对称分布。原封底，底盖上刻有十字金刚杵图案。

此像是目前发现的尺寸最小的一尊康熙时期造像。开脸精美，工艺精细，装饰华丽，呈现出高贵典雅之气。

## 99.除盖障菩萨像
Sarvanivāraṇa-Viṣkambini bodhisattva

清康熙　北京

Kangxi Period,Qing Dynasty　Beijing

北京保利2007年春季拍卖会

高24厘米　重3330克

黄铜鎏金　嵌宝石

| 锑 | 锡 | 银 | 锌 | 铜 | 铁 | 铅 |
|---|---|---|---|---|---|---|
| 0.1 | 0.2 | 0 | 31.1 | 66.3 | 0.8 | 1.5 |

除盖障菩萨为佛教八大菩萨之一（文殊、普贤、观世音、金刚手、虚空藏、地藏、弥勒、除盖障），“除盖障”意指消除一切烦恼。除盖障菩萨通常与其他七位菩萨一同出现，很少单独供奉。造像双手各拈一茎莲枝结说法印，跏趺端坐。左肩白莲上奉一轮满月，右肩白莲上奉一只宝瓶，为除盖障菩萨的重要标识。

造像头戴五叶花冠，束发高髻，两绺余发披搭双肩。冠叶刻划精美，冠沿下可见整齐的发丝。两耳上方分别饰一朵小花，耳际处宝缯自然上扬，尾端与冠结同呈扇形展开。耳珰上部为圆环，纹饰錾刻精细，内外缘以精密的联珠纹为饰，下部为花叶。面相俊美，额际宽广，纤眉细目，眼睑微垂。上身微向右倾，肩胸宽厚，腰部收束，富有力度。胸前U形珠宝璎珞分布细密，垂有数根长珠串。长珠链、手镯、臂钏和脚镯等样式十分统一，均为双环式。身着天衣绸裙，帔帛绕臂自然飘落，尾端垂至莲座前方。腰间丝带系结，U形璎珞美观大方。束腰式梯形仰覆莲座，上下沿均饰联珠纹一周。莲瓣饱满，饰三朵卷云纹，对称分布。原封底，底盖上刻有十字金刚杵图案。造像端庄大方，气质高贵典雅，工艺高超，为康熙时期同类题材造像的标准样式。

## 100.绿度母像
Green Tara

清康熙　北京

Kangxi Period, Qing Dynasty　Beijing

天津文物2006年秋季拍卖会

高61厘米　重47300克

黄铜鎏金　嵌宝石　局部彩绘

| 锑 | 锡 | 银 | 锌 | 铜 | 铁 | 铅 |
|---|---|---|---|---|---|---|
| 0.3 | 1.3 | 0 | 24.8 | 70.4 | 1 | 2.2 |

此像是本章节中最具代表性的一尊。所有铸造及雕刻细节之处反映出康熙时期皇家制作佛像的严谨态度。清丽的相容呈现出美貌少女之气，仅用少量宝石对简洁的饰物加以点缀，表现出一种与众不同的端庄。造像高大，比例协调，坐姿优美，宫廷艺术气息浓郁，代表了这一时期造像艺术发展的最高水平。

造像头戴五叶花冠，顶结葫芦形发髻，上饰摩尼宝珠。冠沿饰两排精密的联珠纹，其间纹饰錾刻精细。耳上方可见横出的扇形冠结，耳际处宝缯呈U行上扬。耳珰上部为圆环，下部坠有花叶，后方可见披搭在双肩上的两绺余发，发丝清晰可辨。面相饱满，额际高广，纤眉细目，直鼻小口。五官秀丽，双目微睁，肃穆含笑，唇部线条清晰。身姿曼妙，双肩平滑，圆乳高隆，腰部收束。上身袒露，两肩帔帛绕臂自然垂落，尾端垂至莲座前方。项圈形制较为宽扁，大小适中，纹饰精美，边缘以联珠为饰。胸前饰珠宝项链，中间垂下三根珠串，长链从两乳外侧绕过下垂至腹部。双环式手镯、臂钏和脚镯均与项圈样式相同。下身着裙，腰系丝带，后腰垂有UU形璎珞及长珠串。裙纹自然流畅，裙摆刻满精美的缠枝花卉，这是汉族工匠的技术特点。手脚刻划柔软写实，指节纹路清晰毕现。双手各拈一茎莲枝，肩头两朵花苞正欲绽放。左手结三宝印，右手施与愿印，右脚探踏莲蕾，右舒坐。束腰式仰覆莲座，上下沿均饰联珠纹一周，莲瓣肥厚宽大，莲叶边沿窄细，饰卷云纹，对称分布。其样式源于明清皇家建筑基础的须弥座莲瓣样式，但较于明代的装饰更加华丽，为典型的康熙时期莲座特征。

## 101.金刚萨埵像
Vajrasattva

清康熙　北京

Kangxi Period, Qing Dynasty　Beijing

北京匡时2006年秋季拍卖会

高16.6厘米　重1590克

黄铜鎏金　嵌宝石

| 锑 | 锡 | 银 | 锌 | 铜 | 铁 | 铅 |
|---|---|---|---|---|---|---|
| 0.2 | 0.9 | 0 | 29.1 | 67.1 | 0.6 | 2.1 |

此像造型完美，工艺精湛，其冠式、面相、装饰及莲座等特征符合康熙时期造像标准，富有汉地审美情趣。

造像头微左倾，左手持金刚铃，右手持金刚杵，左脚探踏莲蕾，左舒坐。头戴五叶花冠，顶结葫芦形发髻，上饰摩尼宝珠，两绺余发垂搭双肩。冠叶高大舒展，冠沿饰两排联珠纹，其间纹饰錾刻精美。面相俊美，鼻翼宽广，目光下敛，表情沉静。耳上扇形冠结横出，耳际处宝缯上扬，尾端饰摩尼宝珠。耳珰样式精美，上部为六瓣花形式，下部为花叶。身着天衣绸裙，披肩质地厚重，腰间束带系蝴蝶结，后腰垂有UU形璎珞。胸前项圈与冠沿样式相同，并以双环式长链、手镯、臂钏和脚镯佩饰其身，周身装饰之处嵌有各种宝石。两肩帔帛绕臂自然垂于体侧，与整体服饰相互映衬，动静相宜。梯形仰覆莲座，上沿饰联珠纹一周，下沿刻缠枝花卉纹。莲瓣宽肥饱满，饰三朵卷云纹，对称分布。

# 102.六臂大黑天像
Six-armed Mahakala

清康熙　北京

Kangxi Period,Qing Dynasty　Beijing

国内收购

高26.2厘米　重4760克

黄铜鎏金　局部彩绘

| 锑 | 锡 | 银 | 锌 | 铜 | 铁 | 铅 |
|---|---|---|---|---|---|---|
| 0.4 | 3.1 | 0 | 16.9 | 77.3 | 0.5 | 1.8 |

大黑天为印度教显婆神的忿怒型化身，被密教视为战斗之神，有二臂、四臂和六臂形象。作为藏传佛教最重要的护法神之一，备受元、明、清三朝推崇。元世祖忽必烈曾受国师八思巴的影响而崇信大黑天，并视它为蒙古军队的保护神。明代皇室同样信奉密宗，明成祖朱棣曾设殿供奉大黑天。清朝满族受蒙古信奉藏传佛教的影响，也对大黑天十分崇信。

在康熙宫廷风格造像中，忿怒型造像极为少见。此像造型生动威猛，造像一面六臂形象，头戴五骷髅冠，饰火焰状赤发，发中缠有一蛇。面相凶忿，隆鼻阔口，怒目圆睁，红色须鬓。耳挂大耳珰，耳上扇形冠结横出，耳际处宝缯自然上扬。上身袒露，腰系虎皮。周身佩饰繁缛，除项圈、珠宝项链及钏镯外，又以长珠链、长蛇链及人头蔓严饰其身。帔帛呈倒U形自然飘垂于体侧，尾端呈祥云状向上卷拂。主臂左手捧嘎布拉碗，右手持钺刀；上二手扯白象皮，分持人头念珠和三叉戟；下二手分持手鼓和绳索。左展姿，脚踏象头天神（北方财神），此神左手持萝卜，右手捧嘎布拉碗。单层仰覆莲座，上沿饰联珠纹一周，莲瓣宽肥舒展，饰三朵卷云纹，对称分布。原封底，底盖上刻有十字金刚杵图案。

# 103.阿弥陀佛像
Amitabha

清康熙　北京

Kangxi Period,Qing Dynasty　Beijing

北京翰海2008年春季拍卖会

高17厘米　重1508克

黄铜鎏金　局部彩绘

| 锑 | 锡 | 银 | 锌 | 铜 | 铁 | 铅 |
|---|---|---|---|---|---|---|
| 0.4 | 2.2 | 0 | 17.7 | 77.5 | 0.5 | 1.7 |

此造像以阿弥陀佛法身形象显现，造型端庄，身体起伏变化较大，躯体线条明显。眼睛和唇部存有颜色，说明此像曾用于仪轨活动之中。头饰螺发，肉髻高隆，宝珠顶严。面相丰圆，长眉细目，眼睑低垂，表情沉静。上躯端正，胸部高挺，腰部紧收。身着右袒式袈裟，极为贴服，左肩覆搭衣角。采用萨尔纳特式手法处理衣纹，仅在衣缘錾刻缠枝花卉。手脚刻划柔软写实，双手结禅定印，跏趺端坐。束腰式梯形仰覆莲座，上沿饰联珠纹一周，莲瓣细长饱满，饰三朵卷云纹，对称分布。原封底，封底盖上刻有十字金刚杵图案。

# 104.净瓶观音像
Avalokitesvara with A Nectar Vessel

清康熙　北京

Kangxi Period, Qing Dynasty　Beijing

北京翰海2005年春季拍卖会

高17.5厘米　重1815克

黄铜鎏金　见肉泥金　局部彩绘

| 锑 | 锡 | 银 | 锌 | 铜 | 铁 | 铅 |
|---|---|---|---|---|---|---|
| 0.6 | 1.91 | 0 | 18.52 | 76.91 | 0 | 2.06 |

观音菩萨在印度、中国及东南亚各国十分盛行，受到了佛教信徒的普遍尊崇。我国对观音的信仰应始于东晋，由于南北朝社会动荡不安，观音信仰得以迅速发展。隋唐时期，已盛行铸造手持杨柳枝和净瓶的观音菩萨像。由此可见，观音信仰自古以来深入民心，民间传说观音手中的柳枝可医病和帮助人们解除苦难。

造像头顶罩披巾，束发高髻，前方端坐阿弥陀佛。长珠发链对称分布，中间垂有三根珠串。面相丰满，纤眉细目，鼻梁直挺，神态慈和宁静。耳珰上部为五瓣花形式，下部为花叶，余发束绺披搭双肩。身着天衣绸裙，腰间束带系结，衣缘纹饰錾刻精美，衣裙纹褶曲折流畅。周身饰物颇为简洁，除项圈和脚镯外，仅在胸前饰珠宝璎珞。跏趺端坐，左手托一净瓶，右手原持杨柳枝，以遍洒甘露之态点化众生。鼓形莲座造型高大，三层仰莲错落分布，工艺精细。原封底，底盖上刻有十字金刚杵图案。此像优美、端庄，装饰华丽精巧，金色饱满，具有较多康熙时期标准造像艺术特点。

## 105.宗喀巴像
Tsongkha-pa Buddha

清康熙　北京

Kangxi Period,Qing Dynasty　Beijing

国内收购

高16厘米　重1752克

黄铜鎏金

| 锑 | 锡 | 银 | 锌 | 铜 | 铁 | 铅 |
|---|---|---|---|---|---|---|
| 0.4 | 3.8 | 0 | 12.2 | 79.1 | 0.6 | 3.9 |

宗喀巴法名“罗桑扎巴”，七岁出家，十六岁学法，精通各大教派法要和显密经典，成为藏传佛教格鲁派创始人。据记载，宗喀巴一生严守戒律，整饬佛教，对中国佛教发展影响深远，地位崇高。在我国藏传佛教寺院中，通常会供奉宗喀巴大师像，是藏传佛教中最常见的祖师像之一。

造像头戴通人冠，意指重视戒律，为格鲁派的重要标志。面相丰润，额际高广，眼睑低垂，表情沉静。身姿端正，内着僧坎和僧裙，外披右袒式袈裟和僧氅。衣纹线条自然流畅，衣缘纹饰錾刻精美。跏趺端坐，胸前双手各拈一茎莲枝作说法印，肩头两茎莲花欲将绽放。束腰式梯形仰覆莲座，上沿饰联珠纹一周，下沿饰联珠纹三周，其样式较为少见。莲瓣细长饱满，饰三朵卷云纹，对称分布。原封底，底盖上刻有十字金刚杵图案。造像细节刻划精细，技法运用娴熟，金色饱满悦目，呈现出康熙时期的标准造像艺术韵味。

四臂观音

除盖障菩萨

金刚萨埵

触地印

禅定印

鼓形莲座（三层仰莲错落分布）

释迦牟尼

绿度母

四臂观音

清康熙时期造像莲座的常见样式
（莲瓣饰卷云纹）

清康熙时期造像莲座的常见样式
（后方有浮起的空白区域）

脚踏莲蕾

清康熙时期造像莲座的常见样式
（前方两侧有垂下的帛带）

左舒坐（金刚萨埵）

# 喀尔喀蒙古造像

# Statues of Khalka Mongols Style

喀尔喀蒙古与漠南蒙古相对，即漠北蒙古，今称外蒙古。公元16世纪中叶，漠南蒙古土默特万户俺答汗（阿勒坦汗，1507～1582年）出于政治上的需要，率先迎请西藏高僧，势力日益强大。从历史上看，宗教力量对政治一直起到重要的控制作用。明万历十七年(1589年），漠北喀尔喀蒙古土谢图汗部首领阿巴岱汗（1534～1586年）为确保自己部落的稳固与安定，亲赴西藏请求三世达赖赐佛像和派遣高僧。明万历四十二年（1614年），噶举派八小派之一的觉囊派高僧多罗那他（1575～1634年）前往漠北喀尔喀蒙古讲法传经二十年，其间修建了多座寺院。由于多罗那他学识渊博，从而深受蒙族民众尊信，被阿巴岱汗尊称为“哲布尊丹巴”（意为：精通佛法、严守戒律的高僧）。明崇祯七年(1634年)，多罗那他圆寂于库伦（今蒙古首都乌兰巴托）。次年，漠北蒙古的土谢图汗衮布多尔济家生下一子（阿巴岱汗的曾孙），被认定为多罗那他转世，即一世哲布尊丹巴。

一世哲布尊丹巴是今外蒙古历史上最著名的艺术家，四岁时取法名“扎那巴扎尔”。清顺治六年(1649年)，年仅十四岁的一世哲布尊丹巴入藏求法，先至后藏日喀则拜谒四世班禅，并从之受戒；后到拉萨拜五世达赖为师，改宗格鲁派（黄教），并被授予“哲布尊丹巴呼图克图”之尊号（呼图克图意为长生不老之人）。从此，哲布尊丹巴活佛系统由觉囊派改属黄教。两年后，他携众多喇嘛及各种匠工返回喀尔喀蒙古，积极致力于佛教的宣传，广修寺院，促进了喀尔喀蒙古的佛教发展。康熙二十七年(1688年)，漠西蒙古准噶尔部入侵喀尔喀蒙古，一世哲布尊丹巴努力规劝喀尔喀蒙古诸王归顺清朝，并率部众内附求援。最终在康熙皇帝亲征准噶尔取胜之后，蒙古全境纳入了清朝版图。康熙三十年（1691年），康熙皇帝在多伦会盟上授封一世哲布尊丹巴为大喇嘛，命其主管喀尔喀蒙古宗教事务，并就地建寺一座，亲题寺名“汇宗寺”（喀尔喀蒙古宗教活动的中心和哲布尊丹巴的临时驻锡之所）。

一世哲布尊丹巴一生热爱佛像艺术，利用自己高超的技艺和丰富的艺术灵感创造了独具特色的喀尔喀蒙古风格造像（亦可称为“丹巴系造像”），多次遣使来京进献佛像。此类造像盛行于清代康熙、雍正、乾隆时期，造像祖型源自藏中风格，人物造型源自元代尼泊尔风格，脸型清丽，具有无可挑剔的俊美相貌。佛像采用萨尔纳特式简洁衣纹，躯体健壮挺拔，特别讲究力度。菩萨像姿态优美，饰物华丽精巧，胸前长链大多环于两乳外侧，其装饰风格以印度帕拉风格造像为样本，同时融入了尼泊尔、西藏、汉地及蒙古等多种造像艺术元素。莲座造型源自东北印度帕拉风格，通常为半月形浅束腰式高莲座，莲瓣紧贴座壁，对称或错落分布，底边呈卷唇状。除此之外，也有上敞下敛式鼓形莲座，莲瓣扁薄舒展，层层包裹，雕刻精细。莲座上沿通常饰联珠纹一周，底部采用包底工艺，封底盖上刻有十字金刚杵图案，有的还会在十字杵中央刻出阴阳鱼图案。

本章节收录的造像为公元17～18世纪喀尔喀蒙古本地作品，题材涉及佛、菩萨、佛母及护法像，低锌黄铜铸造。公元17世纪下半叶是一世哲布尊丹巴的主要创作时期，造像铜胎较薄，躯体光洁圆润，细节处理规范，刀工犀利。公元18世纪是喀尔喀蒙古造像艺术的重要发展时期，造像铜胎较厚，在面部和衣饰上融入了本地民族的审美情趣和藏东地区的艺术元素，在造型上具有帕拉风格造像的气势和尼泊尔艺术的特征。喀尔喀蒙古造像以其风格独特、工精形美、细节耐看、鎏金工艺精妙绝伦而具有很高的价值，是金铜佛像的重要种类之一。

# 106.释迦牟尼像
Shakyamuni

17～18世纪　喀尔喀蒙古

17～18th Century　Khalka Mongols

北京匡时2007年春季拍卖会

高24厘米　重2820克

黄铜鎏金　局部彩绘

| 锑 | 锡 | 银 | 锌 | 铜 | 铁 | 铅 |
|---|---|---|---|---|---|---|
| 0 | 0 | 0 | 9.2 | 90.2 | 0 | 0.6 |

造像头饰螺发，肉髻高隆，宝珠顶严。面相圆润，大耳垂肩，额部略宽，白毫凸显。五官端正，双眉高挑，杏眼高鼻，上嘴唇薄，下唇略圆。上躯端正，肩宽腰细，胸肌饱满，四肢柔软。身着右袒式袈裟，紧贴全身无衣纹。左肩覆搭袈裟衣角，仅在衣缘处錾刻边际线和宝相花纹饰。左手结禅定印托钵，右手施触地印，跏趺端坐。仰覆莲座造型高大，束腰浅，上下沿均饰联珠纹一周。莲瓣宽大扁平，紧贴座壁，底边呈卷唇状，错落分布。原封底，底盖上刻有十字金刚杵和阴阳鱼图案。造像比例精准，雕工精湛，金色饱满，为喀尔喀蒙古造像之标准器。

## 107.释迦牟尼像
Shakyamuni

17～18世纪　喀尔喀蒙古

17～18th Century　Khalka Mongols

北京保利2007年秋季拍卖会

高19厘米　重1600克

黄铜鎏金　见肉泥金　局部彩绘

| 锑 | 锡 | 银 | 锌 | 铜 | 铁 | 铅 |
|---|---|---|---|---|---|---|
| 0.1 | 0.1 | 0 | 5.2 | 94.1 | 0 | 0.5 |

造像头饰螺发，肉髻高隆，宝珠顶严。面相圆润，大耳垂肩，额部略宽，白毫凸显。鼻梁较高，嘴口较小，下唇明显厚于上唇，相貌俊美。上躯端正，肩宽腰细，胸肌饱满，四肢柔软。身着右袒式袈裟，紧贴全身无衣纹。衣缘宽大，纹饰錾刻精美，左肩覆搭袈裟衣角。左手结禅定印托钵，右手施触地印，跏趺端坐。仰覆莲座造型高大，束腰浅，上下沿均饰联珠纹一周。莲瓣宽大扁平，紧贴座壁，底边呈卷唇状，错落分布。原封底，底盖上刻有十字金刚杵图案。此像铸工精湛，泥金彩绘保存完好，神态生动，仪态端庄，充分展现了喀尔喀蒙古造像艺术之精髓。

# 108.阿弥陀佛像
Amitabha

17～18世纪　喀尔喀蒙古

17～18th Century　Khalka Mongols

国内收购

高19厘米　重1695克

黄铜鎏金　局部彩绘

| 锑 | 锡 | 银 | 锌 | 铜 | 铁 | 铅 |
|---|---|---|---|---|---|---|
| 0 | 0 | 0 | 7.9 | 90.8 | 0.3 | 1 |

造像头饰螺发,肉髻高隆，宝珠顶严。面相圆润，白毫凸显，额部较脸颊略宽，双眉高挑。鼻梁两侧较窄，上唇较薄，下唇略圆，相貌俊美。上身端正，肩宽腰细，胸肌饱满，四肢柔软。身着右袒式袈裟，紧贴全身无衣纹。衣缘宽大，纹饰精美，左肩覆搭袈裟衣角。双手结禅定印托钵，跏趺端坐。仰覆莲座造型高大，束腰浅，仅在上沿饰联珠纹一周。莲瓣宽大扁平，紧贴座壁，底边呈卷唇状，错落分布。原封底，底盖上刻有十字金刚杵图案。此像造型端庄，工艺特征符合喀尔喀蒙古造像的标准艺术模式。面部涂彩，神态生动，说明曾用于仪轨活动之中，与图版106、107两尊造像存有诸多相同特点。

## 109.阿弥陀佛像
Amitabha

18世纪　喀尔喀蒙古

18th Century　Khalka Mongols

北京德隆宝2008年春季拍卖会

高14厘米　重740克

黄铜鎏金

| 锑 | 锡 | 银 | 锌 | 铜 | 铁 | 铅 |
|---|---|---|---|---|---|---|
| 0 | 0.1 | 0 | 10.1 | 89 | 0 | 0.8 |

造像头饰螺发，肉髻高隆，宝珠顶严。面相圆润，白毫凸显，双眉高挑，杏眼高鼻。鼻梁两侧较窄，上唇较薄，下唇略圆，相貌俊美。上躯端正，肩宽腰细，胸肌饱满，四肢柔软。身着右袒式袈裟，紧贴全身无衣纹，左肩覆搭衣角。采用萨尔纳特式表现手法，仅用一道阴线表现衣缘，身体线条显露清晰，身体起伏变化明显。双手结禅定印托钵，跏趺端坐。鼓形莲座上敞下敛，仅在上沿饰联珠纹一周。莲瓣扁薄舒展，错落分布，雕刻精细。此像眼睑极为低垂，衣着简朴，具有典型的尼泊尔造像艺术特点。莲座造型精美，极具特色，为喀尔喀蒙古造像中之精品。

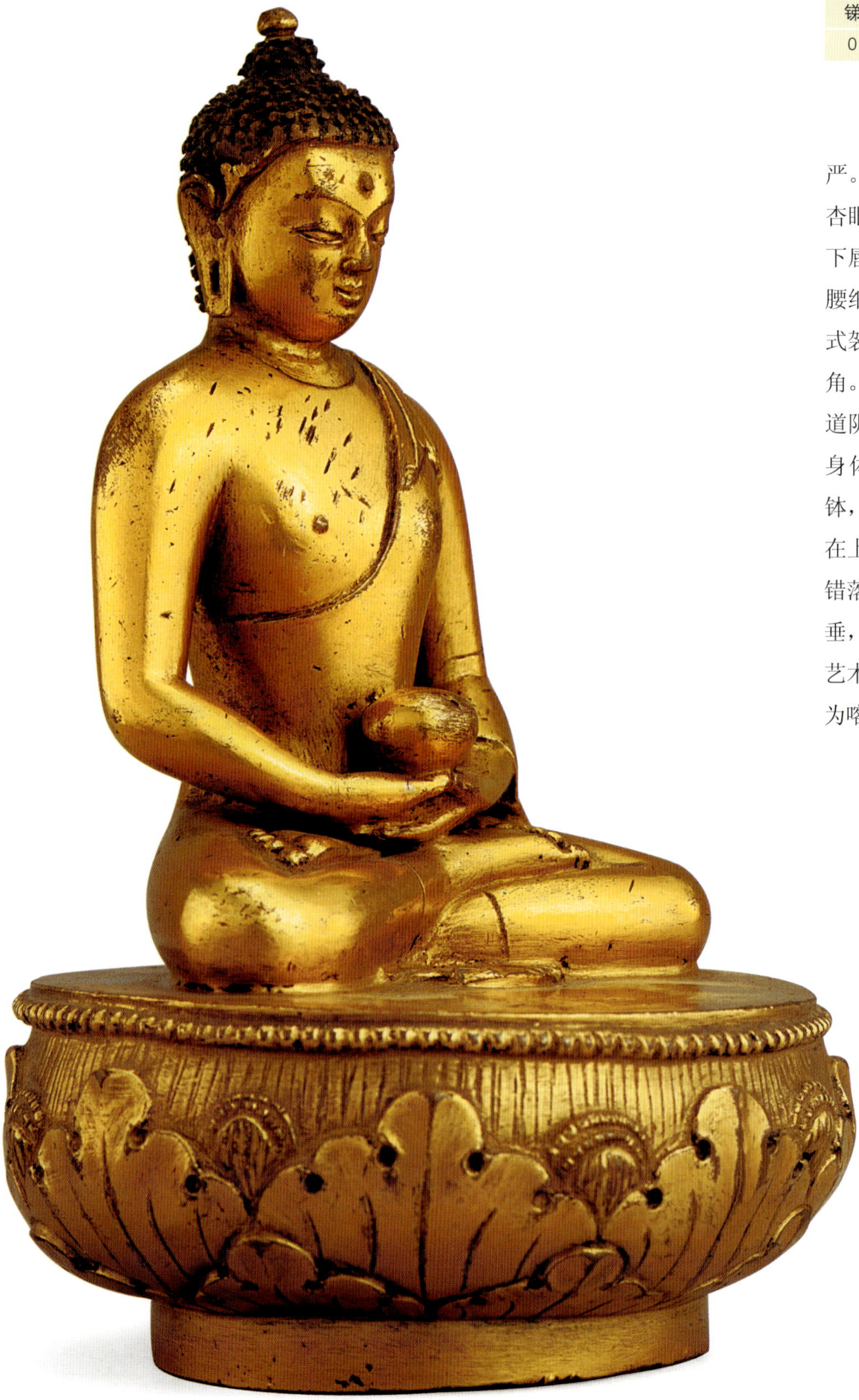

## 110.无量寿佛像
Amitayus Buddha

18世纪　喀尔喀蒙古

18th Century　Khalka Mongols

天津文物2006年春季文物展销会

高21.5厘米　重2326克

黄铜鎏金　嵌宝石　局部彩绘

| 锑 | 锡 | 银 | 锌 | 铜 | 铁 | 铅 |
|---|---|---|---|---|---|---|
| 0 | 0 | 0 | 9.8 | 89.8 | 0 | 0.4 |

无量寿佛的面部表情特征为静穆高洁，双手结禅定印，托一宝瓶，跏趺端坐。

造像头戴五叶花冠，束发高髻，顶饰摩尼宝珠。冠沿饰两排联珠纹，耳上饰扇形花结，制作精巧。面相秀美，额际高广，双眉高挑，白毫凸显。高鼻杏眼，人中较短，下唇明显厚于上唇，这种脸型是18世纪喀尔喀蒙古造像中典型的童子脸。上身端正，肩宽腰细，胸部挺拔，身体起伏变化明显。佩饰耳珰、项链、珠宝璎珞、手镯、臂钏和脚镯，左肩斜挂一条长链极具装饰特色。两肩帔帛绕臂自然垂落，胸前垂挂的长链由两乳外侧绕过。下身着贴体薄裙，纹饰錾刻精美，腿间裙褶自然铺于座面之上。仰覆莲座造型高大，束腰浅，上下沿各饰联珠纹一周。莲瓣宽大扁平，紧贴座壁，底边呈卷唇状，对称分布。

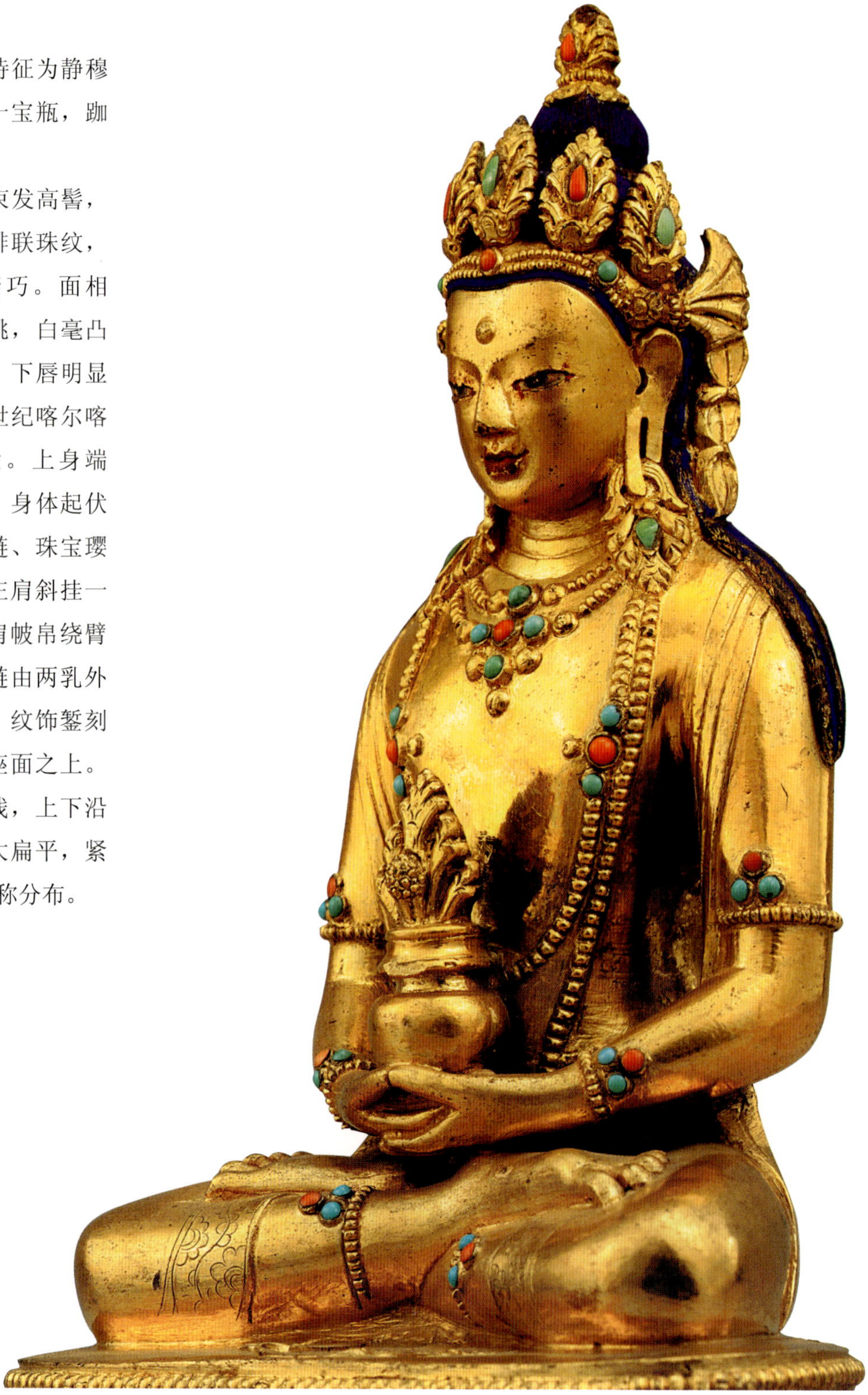

# 111. 十一面观世音像
## Eleven-faced Avalokitesvara

17世纪　喀尔喀蒙古

17th Century　Khalka Mongols

天津文物2006年春季文物展销会

高15.5厘米　重330克

黄铜鎏金　局部彩绘

| 锑 | 锡 | 银 | 锌 | 铜 | 铁 | 铅 |
|---|---|---|---|---|---|---|
| 0 | 0 | 0 | 10.1 | 88.9 | 0 | 1 |

十一面观世音是密宗所奉六观音之一，其艺术造型源于印度婆罗门教的十一荒神，这种形象约在公元5～6世纪时融入佛教神系中。

造像八臂十一面形象，头部排列由下而上共分五层，第一层至第三层每头各三面。第一层慈相，面相寂静；第二层悲相，悲悯众生；第三层喜相，劝进佛法之相；第四层一面，嗔怒相；第五层是无量光佛，代表佛果。身材匀称，双腿直立，左肩披仁兽，帔帛绕臂自然垂落，尾端向上拂于体侧。佩饰耳珰、项链、珠宝璎珞、手镯、臂钏和脚镯，特别是左肩斜挂的长链从披背长发中穿过的工艺手法十分严谨。下身裙薄贴体，腰间束带系结后自然下垂，裙上纹饰精美，腿部线条明显。主臂双手胸前合掌；左三手分持莲花、弓箭、宝瓶；右三手各持念珠、法轮，并施与愿印。半月形单层莲座上下沿各饰联珠纹一周，莲瓣扁长，排列规整。原封底，底盖上刻有十字金刚杵图案。造像姿态端庄典雅，是极受欢迎的观音菩萨化身形象之一。周身装饰华丽，雕工精湛，金色饱满，为喀尔喀蒙古造像艺术杰出之作。

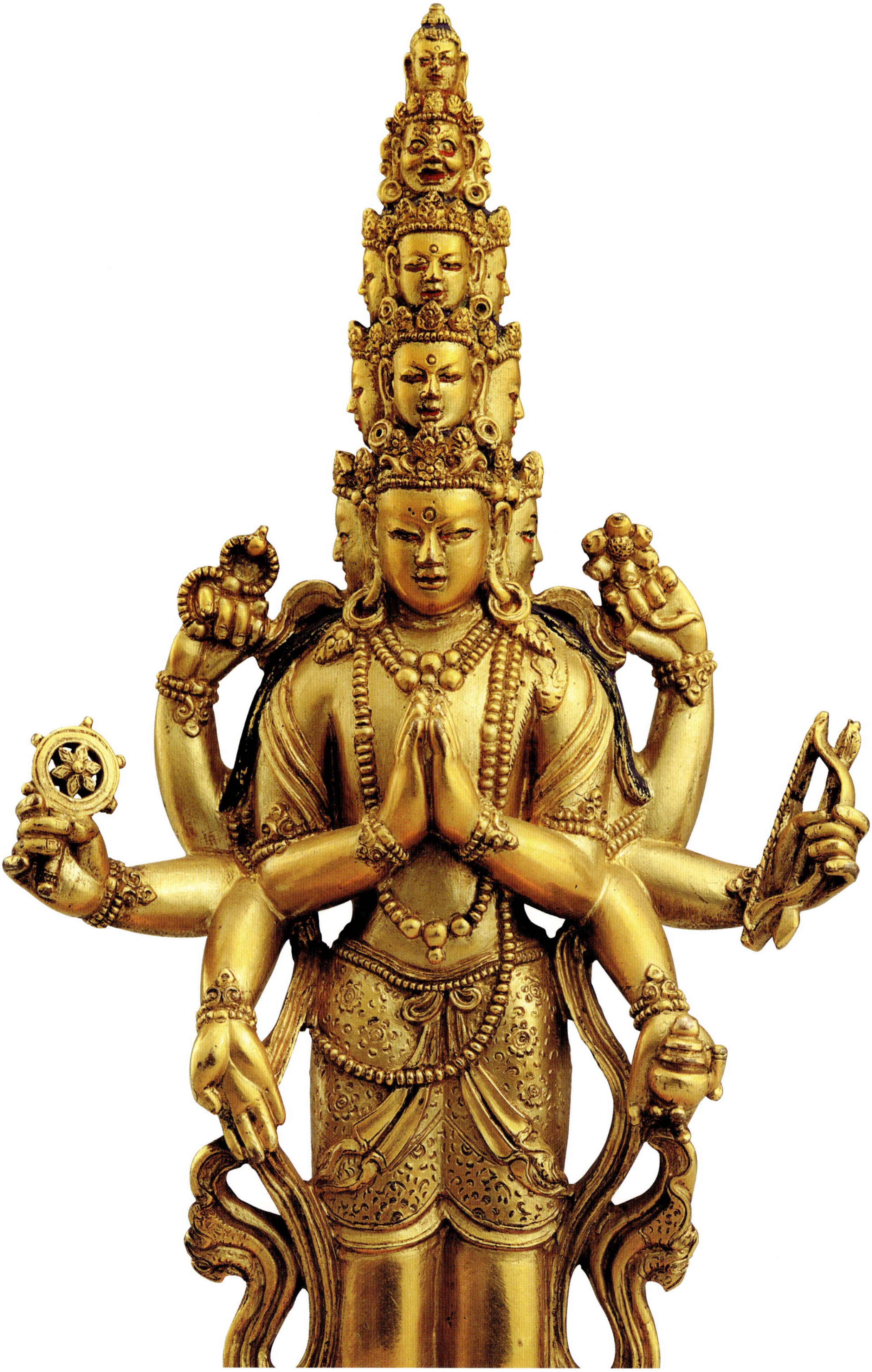

## 112.白度母像
White Tara

17～18世纪　喀尔喀蒙古

17～18th Century　Khalka Mongols

北京匡时2007年春季拍卖会

高25厘米　重3850克

黄铜鎏金　局部彩绘

| 锑 | 锡 | 银 | 锌 | 铜 | 铁 | 铅 |
|---|---|---|---|---|---|---|
| 0 | 0.1 | 0 | 9.6 | 89.6 | 0 | 0.7 |

在藏密二十位度母中，白度母与绿度母最受蒙藏推崇。因白度母身具七眼（双眼，额头、双手双足各一眼），因此常被称为“七眼佛母”，一般为寂静形女性形象。此像铸工精致，在面相、装饰及造型等方面均具有鲜明的时代特征和地域特色。胸部丰满，双乳圆隆，腰肢柔细，体态优美大方，反映出这一时期喀尔喀蒙古造像艺术风格。

造像束发高盘，长发垂至臀部，发丝清晰可辨。冠式精美别致，由花蕾和珠宝璎珞组成。髻前端坐化佛，耳上饰花结，冠带垂搭双肩。面容娟秀，眉眼细长，直鼻小口，表情沉静。胸部丰满，双乳圆隆，腰肢柔细。身着天衣绸裙，两肩帔帛绕臂自然垂落，尾端从腿后轻轻垂下。佩饰耳珰、珠宝璎珞、手镯、臂钏和脚镯，胸前垂挂的长珠链经两乳外侧绕过。腰系璎珞丝带，裙缘上刻有花卉纹饰。左手拈一茎莲枝结三宝印，肩头莲花绽放，雕刻精美；右手施与愿印，跏趺端坐。仰覆莲座造型高大，束腰浅，上沿饰联珠纹一周。莲瓣宽大扁平，紧贴座壁，底边呈卷唇状，对称分布。原封底，底盖上刻有十字金刚杵图案。

# 113.绿度母像
Green Tara

18世纪　喀尔喀蒙古
18th Century　Khalka Mongols

北京匡时2007年春季拍卖会
高16.2厘米　重1100克
**黄铜鎏金**

| 锑 | 锡 | 银 | 锌 | 铜 | 铁 | 铅 |
|---|---|---|---|---|---|---|
| 0 | 0.1 | 0 | 8.4 | 91.1 | 0.1 | 0.4 |

造像束发高盘，长发垂至臀部，发丝清晰可辨。冠式精美别致，由花蕾和联珠链组成。髻前端坐化佛，耳上饰花结，冠带垂搭双肩。面容娟秀，细眉高挑，直鼻高挺，双唇微启。胸部丰满，双乳圆隆，腰肢柔细。上身袒露，佩饰耳珰、珠宝璎珞、手镯、臂钏和脚镯，胸前垂挂的长珠链经两乳内侧绕过。左肩斜披圣带，形制较宽，融入了漠南蒙古造像艺术元素。下身着贴体薄裙，腰系璎珞丝带，裙缘上刻有花卉纹饰。双手各拈一茎莲枝，左手结三宝印，右手施与愿印，右脚踏莲蕾，右舒坐。左肩莲花半开，右肩莲花盛开将谢。仰覆莲座造型高大，束腰浅，仅在上沿饰联珠纹一周。莲瓣圆扁舒展，紧贴座壁，底边呈卷唇状，对称分布。此像面部表情甜柔，高贵典雅，造型比例协调，装饰特点突出，展现了喀尔喀蒙古造像艺术之独特魅力。

## 114.随求佛母像
Pratisara

18世纪　喀尔喀蒙古

18th Century　Khalka Mongols

国内收购

高15.3厘米　重1250克

黄铜鎏金　见肉泥金　局部彩绘

| 锑 | 锡 | 银 | 锌 | 铜 | 铁 | 铅 |
|---|---|---|---|---|---|---|
| 0.1 | 0.3 | 0 | 3.5 | 95.4 | 0.1 | 0.6 |

随求佛母为密教胎藏界观音院之一尊，因能满足众生所求，故而称为“随求菩萨”。在藏传佛教中，许多密教佛母均来自西藏原始的苯教佛母，在经过藏传佛教的衍化之后，继续存于藏传佛教之中。但在蒙古造像中，随求佛母造像是极其罕见的。

造像为四面八臂，头戴花冠，束发高盘，余发束绺垂搭双肩。四面开脸各不相同，每面三目，圆睁平视，相容寂静。面庞圆润，眉眼细长，鼻梁高挺，法相庄严。上身袒露，胸部饱满，腰部收束，两肩帔帛绕臂自然垂落，尾端从腿后轻轻垂下。佩饰耳珰、项链、手镯、臂钏和脚镯。胸前垂挂的长珠链由两乳外侧绕过，尤其是左肩斜挂的长珠链极具装饰特色。下身着贴体薄裙，仅在裙缘处錾刻几何条纹和碎花纹。腰系丝带，后腰垂有U形网状瓔珞。主臂左手持长柄钺斧，右手持法轮；其余六臂左三手持弓、金刚杵和套索；右三手持宝剑、三叉戟和箭，跏趺端坐。仰覆莲座造型高大，束腰浅，上沿錾刻阴线一周，下沿饰联珠纹一周。莲瓣扁平舒展，紧贴座壁，对称分布。莲座下沿錾有与裙缘相同的纹饰，富有相互映衬的装饰效果。原封底，底盖上刻有十字金刚杵图案。

# 115.金刚手菩萨像
Vajrapani Bodhisattva

17世纪　喀尔喀蒙古

17th Century　Khalka Mongols

国内收购

高18.5厘米　重1420克

黄铜鎏金　局部泥金彩绘

| 锑 | 锡 | 银 | 锌 | 铜 | 铁 | 铅 |
|---|---|---|---|---|---|---|
| 0 | 0 | 0 | 13 | 86.6 | 0 | 0.4 |

造像头戴五叶花冠，赤发上竖，耳上扇形冠结横出，耳际处宝缯上扬。面庞方阔，须眉似火焰，隆鼻阔口，三目圆睁怒视。身材矮胖，四肢粗壮，大肚便便。袒胸露腹，佩饰耳珰、项链、手镯、臂钏和脚镯。特别是体侧飘拂的大帔帛极具动感，尾端向上蛇形翻卷，带动了造像的整体活力。腰围虎皮裙，形象生动逼真，细节刻划清晰。左手结期克印持金刚铃，右手结期克印擎金刚杵，左展姿。莲座上敞下敛，上沿饰联珠纹一周。莲瓣扁薄舒展，层层包裹，雕刻精细。原封底，底盖上刻有十字金刚杵图案。此像造型生动，形象威猛，工艺精湛，刀功犀利，将金刚手菩萨大无畏，大忿怒的形象特征展现得淋漓尽致，代表了喀尔喀蒙古造像艺术的最高工艺水准。

# 116.金刚手菩萨像
Vajrapani Bodhisattva

18世纪　喀尔喀蒙古

18th Century　Khalka Mongols

北京翰海2004年秋季拍卖会

高22厘米　重2200克

黄铜鎏金　局部彩绘

| 锑 | 锡 | 银 | 锌 | 铜 | 铁 | 铅 |
|---|---|---|---|---|---|---|
| 0 | 0 | 0 | 10.4 | 88.8 | 0.2 | 0.6 |

造像头戴五叶花冠，赤发上竖，耳上扇形冠结横出，耳际处宝缯上扬。面庞方阔，须眉似火焰，宽鼻阔口，三目圆睁怒视。躯体挺直，四肢粗壮有力，身体起伏变化明显。袒胸露腹，佩饰耳珰、项链、手镯、臂钏和脚镯。帔帛形似背光，自然垂于体侧，尾端向上蛇形翻卷。腰围虎皮裙，腰间束带结垂腿间。左手结期克印擎金刚铃，右手结期克印持金刚杵，足踏蛇身，左展姿。单层莲座上下沿各饰联珠纹一周，莲瓣圆隆舒展，底边呈卷唇状，排列规整。原封底，底盖上刻有十字金刚杵图案。

## 117.宗喀巴大师像
Tsongkha-pa Buddha

17世纪　喀尔喀蒙古

17th Century　Khalka Mongols

北京翰海2006年秋季拍卖会

高26.5厘米　重5800克

黄铜鎏金

| 锑 | 锡 | 银 | 锌 | 铜 | 铁 | 铅 |
|---|---|---|---|---|---|---|
| 0 | 0.1 | 0 | 6.4 | 93.1 | 0.1 | 0.3 |

造像头戴通人冠，面相圆润俊秀，宽额丰颐，弯眉细目，眉间白毫凸显。直鼻小口，眼睑下垂，神态宁静，法相庄严。躯体端正挺直，比例匀称。身着右袒式袈裟，内着坎肩和僧裙。衣纹厚重写实，衣领及袖口、边缘处刻有精美的纹饰。双手各拈一枝莲茎，胸前结说法印，跏趺端坐。肩头两茎莲花分别上奉经卷和宝剑，表明其为文殊菩萨的化身。鼓形仰式莲座上沿饰联珠纹一周，其下饰莲蕊一周，莲瓣规整挺拔，地域风格特征鲜明。原封底，封底盖上刻有十字金刚杵图案。

此像工艺精湛，金水厚重，四肢柔软，反映出制作者对宗喀巴大师的敬慕之心。整体造型大方，制作工艺考究，鎏金工艺精湛，为清早期喀尔喀蒙古造像艺术精品。

释迦牟尼

白度母

阿弥陀佛

释迦牟尼

禅定印

18世纪蒙古造像莲座下沿刻有纹饰

17～18世纪蒙古造像莲座常规样式
（莲瓣错落分布）

17～18世纪蒙古造像莲座常规样式
（莲瓣对称分布）

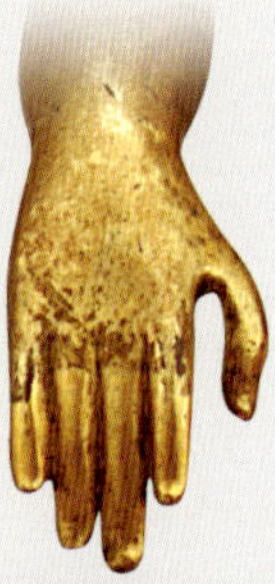

触地印

左展姿

18世纪蒙古造像鼓形莲座

17～18世纪蒙古造像莲花日轮座
（莲瓣层层包裹）

18世纪蒙古造像半月形单层莲座

# 清乾隆六品佛楼造像

# Statues of Buddhist Chapals for the Six Chapters, Qianlong Period, Qing Dynasty

乾隆皇帝（1736～1795年在位）信奉藏传佛教，并对藏传佛教造像有着精深的了解。乾隆二十年，乾隆皇帝命国师三世章嘉呼图克图（活佛）整理藏传佛教神系。乾隆二十二年～四十七年间，清宫先后在紫禁城内修建建福宫内的慧曜楼、中正殿后的淡远楼、慈宁宫内的宝相楼和宁寿宫内的梵华楼；在紫禁城外修建圆明园东侧的长春园梵香楼、承德避暑山庄珠源寺众香楼、承德普陀宗乘寺大红台西群楼和承德须弥福寿寺妙高庄严西群楼，京城内外共计八座佛楼。

佛楼作为乾隆皇帝创建的清宫佛教建筑，其重要性在于这种独特的装修，使乾隆皇帝对这种佛楼建筑及其内部陈设格外的重视和青睐。虽然八座佛楼的建造时间及分布地点不同，但佛楼形制及楼内陈设布局等应皆本同例。

以目前建筑保存完好、陈设齐整的梵华楼为例：佛楼分上下两层，面阔七间，中央开门为明间，明间以外的六室（左右各三间）即为六品间。楼上明间供奉西藏佛教格鲁派（黄教）祖师宗喀巴木雕金漆座像。北、西、东三面墙挂三幅宗喀巴源流画像。楼下明间供奉一尊在紫禁城佛堂中最高大的一尊旃檀佛铜像，此像于乾隆三十九年由南城圣安寺迁入梵华楼，它是著名的优填王旃檀佛像的明代铜摹像。环旃檀佛北、西、东三面墙挂释迦牟尼源流本生故事九幅。全楼共计挂供佛像绘画三十六幅。楼下明间外六室内正中各供掐丝珐琅大佛塔一座，共计六座，造型各异，豪华精美，造于乾隆三十九年。佛塔周围北、西、东三壁沿墙放长供桌，桌上供设珐琅供器。三面墙壁上部挂供通壁画像，每幅画像绘三位护法神，每室九位护法神。六室合计挂供护法神十八幅，五十四位护法神（藏传佛教中一类重要神灵）。梵华楼配置的护法神像严格遵循了西藏佛教的传统与佛典教义，并按照诸神在西藏佛教万神殿中的神格和地位对其进行了主次分明、条列有序的排列组合。楼上明间外六室是六品佛供坛，室内正中是天井围栏，与一楼通连。这样，二楼窗户成为采光高窗，上下二室即合为一品佛楼，楼下护法，楼上主尊。室内北壁设供桌，其上供奉九尊大铜佛（六品佛主尊，每尊高约40厘米），铸款“大清乾隆年敬造”，前后方无刻款。铜像后壁挂彩色画像，绘九尊佛画像。东西两墙内分别镶嵌木制佛格，内供小铜佛六十一尊，东西两侧共计一百二十二尊（高13～20厘米），铸款“大清乾隆年敬造”，前方刻款为佛名，后方刻款为品名。每室供奉大小铜佛合计一百三十一尊，六室共计七百八十六尊，囊括了全部显宗及密宗四部神像。

所谓密宗四部主要是指佛教密乘修习的四个次第，即“事部”、“行部”、“瑜伽部”及“无上瑜伽部”等。四部神系是密宗各个发展时期的产物，而密宗四部所反映的是密宗发展的不同阶段。事部相当于初期密教；行部、瑜伽部相当于中期密教；无上瑜伽部相当于后期密教。在密宗四部的基础上，将无上瑜伽部析为父、母两续，称为“无上阳体”（父续根本）和“无上阴体”（母续根本）二品，另外加入大乘佛教显宗的“般若品”，体现了格鲁派“显密并重”的教义特征。佛楼内明间以外的六室，代表藏传佛教修行的六个部分，故名“六品佛楼”。六室由西向东依次是：一室般若品、二室无上阳体根本品、三室无上阴体根本品、四室瑜伽根本品、五室德行根本品、六室功行根本品。

乾隆时期的宫廷造像带有明显的内地传统艺术特征，造像数量超过康熙时期。六品佛楼造像的金属成分基本相似，材质为含铅或含铅锡的中高锌黄铜。铜含量介于61.5%～75.5%之间，锌含量介于19.1%～27.2%之间，质感浑厚。大部分造像中铅的含量介于4.5%～8.8%之间，铁、锡、锑等微量元素可省略不计。作为清宫藏传佛教造像的代表，六品佛楼造像胎体厚重，造型规范，采用黄铜烧古、见肉泥金工艺。造像面相饱满，额头略显宽隆，五官刻画清晰。躯体丰满，肌肤圆润，形象生动，千姿百态。单层覆式莲座通常给人以圆润肥厚之感，莲瓣尖锐而富有弹性，内层不饰云朵，体现了清宫造像的艺术特色。

六品佛楼将藏传佛教显密诸神汇聚一堂，全面而又规范化的诠释了藏传佛教造像，形成了清宫藏传佛教中唯一的系统化的佛像神系。慧曜楼、淡远楼毁于火灾，梵香楼、众香楼毁于战火，承德须弥福寿寺内建筑尚存，但楼内文物已被盗卖。宝相楼内除楼上供案上的九尊大佛像和楼下的佛塔及唐卡外，六室佛格中的所有小佛像在抗日战争时期已随大批文物南迁，现存于南京博物院。故宫梵华楼存有一整套（缺一般若品小佛）。除此二楼所存佛像外，其余六品佛楼造像存世已不足千尊。

# 118. 斗战胜佛像

Yuddhajaya

清乾隆　北京

Qianlong Period, Qing Dynasty　Beijing

北京翰海2004年秋季拍卖会

高14厘米　重1460克

黄铜烧古　见肉泥金　局部彩绘

| 锑 | 锡 | 银 | 锌 | 铜 | 铁 | 铅 |
|---|---|---|---|---|---|---|
| 0.1 | 0 | 0 | 26.1 | 67.2 | 0.2 | 6.4 |

“斗战胜佛”是指吴承恩先生所著《西游记》一书中的孙悟空在经历了八十一难取到西经后，佛祖为他册封的佛号（意指战无不胜），以此来赞扬他一路保护唐僧取经的功绩，其名号可在一些佛经中见到。孙悟空生性聪明活泼、勇敢忠诚、嫉恶如仇，在中华文化中已成为机智与勇敢的化身。

此类题材造像在中原地区十分流行，民间将斗战胜佛奉为神明崇拜。除此之外，他也是佛教忏悔仪式中称名礼拜的三十五佛之一，在三十五佛唐卡中位于佛陀下方，其艺术形象与此造像相同。跏趺端坐，胸前双手撑开一件盔甲（常见为穗旗），持诵佛号功德，这是斗战胜佛形象的重要标志。

造像头饰螺发，肉髻高隆，宝珠顶严。面庞圆润，五官玲珑，双目下视，表情静谧。上身端正，肢体健硕，着右袒式袈裟，衣纹自然流畅，衣缘纹饰錾刻精美。单层莲座上沿以三道联珠纹为饰，铸款“大清乾隆年敬造”；下沿镌刻“斗战胜佛”佛名，背部刻有“般若品”。莲瓣较尖，光素无纹，内层不饰云朵。原封底，底盖上刻有十字金刚杵图案。

大清乾隆年敬造

## 119.燃灯佛像
Dipamkara Buddha

清乾隆　北京

Qianlong Period,Qing Dynasty　Beijing

国内收购

高20厘米　重3605克

黄铜烧古　见肉泥金

| 锑 | 锡 | 银 | 锌 | 铜 | 铁 | 铅 |
|---|---|---|---|---|---|---|
| 0.1 | 0 | 0 | 24.4 | 69.4 | 0.2 | 5.9 |

《大智度论》中提到，燃灯佛生时，身边一切如同灯火照明，故名“燃灯”，成佛后即被称之为“燃灯佛”。我国四川、河南及云南等地还有燃灯寺和燃灯佛舍利塔等建筑，其中历史最为悠久的距今已有1700年。

造像头饰螺发，肉髻高隆，宝珠顶严。面庞丰腴，长眉细目，眼睑低垂，表情静谧。身姿端正挺拔，胸部宽厚，腰部收束。上身斜披袈裟，右肩搭有偏衫。下身着裙，胸前露有裙腰，裙褶自然流畅，衣缘纹饰錾刻精美。胸前双手结转法轮印，跏趺端坐。单层莲座上沿以三道联珠纹为饰，铸款“大清乾隆年敬造”；下沿镌刻“燃灯佛”佛名，背部刻有“般若品”。莲瓣尖锐，光素无纹，内层不饰云朵。原封底，底盖上刻有十字金刚杵图案。

大清乾隆年敬造

# 120.金刚勇识佛像
Vajrasattva

清乾隆　北京

Qianlong Period,Qing Dynasty　Beijing

国内收购

高19厘米　重1800克

黄铜烧古　见肉泥金　局部彩绘

| 锑 | 锡 | 银 | 锌 | 铜 | 铁 | 铅 |
|---|---|---|---|---|---|---|
| 0 | 0 | 0 | 26.6 | 72.7 | 0 | 0.7 |

金刚勇识为藏传佛教密乘百部本尊之共主，亦可称为“金刚萨埵”。金刚萨埵与显教中的普贤菩萨的同体异名，在密教中备受推崇。

造像头戴五叶花冠，顶结葫芦形发髻，两绺余发垂搭双肩。耳挂大耳珰，耳际处宝缯上扬。面相丰圆，眉眼细长，眼睑轮廓分明，表情寂静。双肩宽阔，胸部挺拔，腰部收束。上身袒露，佩饰项圈、项链、手镯、臂钏和脚镯。帔帛顺肩绕臂自然垂落，尾端向上呈祥云状拂卷。下身着裙，腰系丝带，裙褶自然流畅，纹饰錾刻精美。左手持金刚铃，右手持金刚杵，跏趺端坐。单层莲座上沿以三道联珠纹为饰，铸款“大清乾隆年敬造”；下沿镌刻“金刚勇识佛”佛名，背部刻有“瑜伽根本”。莲瓣尖锐，光素无纹，内层不饰云朵。

大清乾隆年敬造
金剛勇識佛

## 121. 十一面观世音像
Eleven-faced Avalokitesvara

清乾隆　北京

Qianlong Period, Qing Dynasty　Beijing

2002年出自纽约苏富比（原英国菲利浦·高登曼爵士旧藏）

高38.5厘米　重9980克

黄铜烧古　见肉泥金　局部彩绘

| 锑 | 锡 | 银 | 锌 | 铜 | 铁 | 铅 |
|---|---|---|---|---|---|---|
| 0.1 | 0 | 0 | 24.3 | 69.9 | 0.2 | 5.5 |

造像八臂十一面形象，头部排列由下而上共分五层，第一层至第三层每头各三面。第一层慈相，面相寂静；第二层悲相，悲悯众生；第三层喜相，劝进佛法之相；第四层一面，嗔怒相；第五层是无量光佛，代表佛果。肩披风，左肩搭仁兽，双肩帔帛绕臂垂落，尾端向上呈祥云状拂卷。佩饰耳珰、珠宝璎珞、手镯和臂钏。下身着贴体薄裙，裙上纹饰精美，裙褶自然流畅，腿部线条优美。双腿直立，主臂双手胸前合掌；左三手分持莲花、弓箭和宝瓶；右三手分别持念珠、法轮，并施与愿印。单层莲座上沿以三道联珠纹为饰，铸款“大清乾隆年敬造”，属功行根本品。莲瓣尖锐，光素无纹，内层不饰云朵。原封底，底盖上刻有十字金刚杵图案。此像造型规范，体量高大，工艺精湛，为清代乾隆宫廷造像典范之作。

大清乾隆年敬造

# 122.弥勒菩萨像
Maitreya Bodhisattava

清乾隆　北京

Qianlong Period,Qing Dynasty　Beijing

北京翰海2002年秋季拍卖会

高13.5厘米　重722克

黄铜烧古　见肉泥金　局部彩绘

| 锑 | 锡 | 银 | 锌 | 铜 | 铁 | 铅 |
|---|---|---|---|---|---|---|
| 0.1 | 1.2 | 0 | 21.6 | 71.8 | 0.7 | 4.6 |

弥勒菩萨的形象有很多种，其中最为罕见的一种为三头六臂形象，象征着弥勒菩萨神通广大。

造像三头各戴五叶花冠，长眉细目，目光下潜，表情寂静。上身袒露，腰肢细敛，佩饰耳珰、项链、手镯、臂钏和脚镯。两肩帔帛于体侧系结后自然飘落，尾端垂至莲座前方。下身着裙，纹褶简洁，质地厚重。展六臂，六手分持法轮、金刚铃、金刚杵、摩尼宝、莲花和宝剑，跏趺端坐。单层莲座上沿以三道联珠纹为饰，铸款“大清乾隆年敬造”；下沿镌刻“弥勒菩萨”佛名，背部刻有“无上阳体根本”。莲瓣尖锐，光素无纹，内层不饰云朵。原封底，底盖上刻有十字金刚杵图案。

大清乾隆年敬造
彌勒菩薩

## 123. 帝释天像
Śakra

清乾隆 北京

Qianlong Period, Qing Dynasty Beijing

纽约佳士得2007年春季拍卖会

高20.2厘米 重3450克

黄铜烧古 见肉泥金 局部彩绘

| 锑 | 锡 | 银 | 锌 | 铜 | 铁 | 铅 |
|---|---|---|---|---|---|---|
| 0.1 | 0.1 | 0 | 26 | 68.8 | 0.5 | 4.5 |

帝释天原为古印度吠陀时代雅利安人最崇拜的雷雨之神“因陀罗”。因他能统治一切，故被尊为“世界大王”。在佛教神话中，帝释天的最重要的职责是保护佛祖、佛法和出家人。在道教中被称为“玉皇大帝”，在民间则被称为“老天爷”。

造像一面四臂形象，头戴五叶花冠，顶结葫芦形发髻，两绺余发垂搭双肩。耳挂大耳珰，耳上饰扇形冠结，耳际处宝缯上扬。头微侧倾，额部宽广，长眉细目，表情寂静。肩披披风，佩饰项链、手镯、臂钏和脚镯。帔帛顺肩绕臂自然垂落，尾端从腿前轻轻垂下。下身着裙，腰间系带，裙褶自然流畅，纹饰錾刻精美。主臂双手胸前分持金刚铃和金刚杵；其余二手分持弓和箭。单层莲座上沿饰三道联珠纹，铸款“大清乾隆年敬造”；下沿镌刻“帝释天”佛名，背部刻有“无上阴体根本”。莲瓣较尖，光素无纹，内层不饰云朵。原封底，底盖上刻有十字金刚杵图案。

大清乾隆年

## 124.四臂伏魔手持金刚像
Four-armed Vajrabhairava

清乾隆　北京

Qianlong Period, Qing Dynasty　Beijing

斯图加特纳高2008年秋季拍卖会

高41厘米　重17105克

黄铜烧古　见肉泥金　局部彩绘

| 锑 | 锡 | 银 | 锌 | 铜 | 铁 | 铅 |
|---|---|---|---|---|---|---|
| 0.1 | 0.9 | 0 | 21.2 | 74.7 | 0.6 | 2.7 |

伏魔手持金刚为萨迦派特殊不供传承，亦可称之为“四臂伏魔金刚手菩萨”，是《佛说金刚手菩萨降伏一切部多大教王经》中的曼陀罗主尊，属藏传佛教密宗四部中的“行部”主要神祇。

造像一面四臂形象，头戴骷髅冠，饰火焰状赤发，耳挂大耳珰，耳际处宝缯上扬。面庞方阔，红色须鬓，三目圆睁，隆鼻阔口。体态饱满，全身赤裸，佩饰项链、人头蔓、手镯、臂钏和脚镯。身后帔帛形似背光，顺肩绕臂自然垂落，尾端向上呈祥云状拂卷，极具动感。腰围虎皮裙，左展姿，足踏一面四臂无敌魔。主臂双手结金刚吽迦罗印；其余二手分持金刚杵和金刚索（已佚）。单层莲座上沿以三道连珠纹为饰，下沿饰连珠纹一周，铸款“大清乾隆年敬造”，属德行根本品。莲瓣尖锐，光素无纹，内层不饰云朵。原封底，底盖上刻有十字金刚杵图案。造像整体造型雄武，体量高大，雕工精湛，题材罕见，为乾隆六品佛楼造像艺术之精品。

大清乾隆年敬造

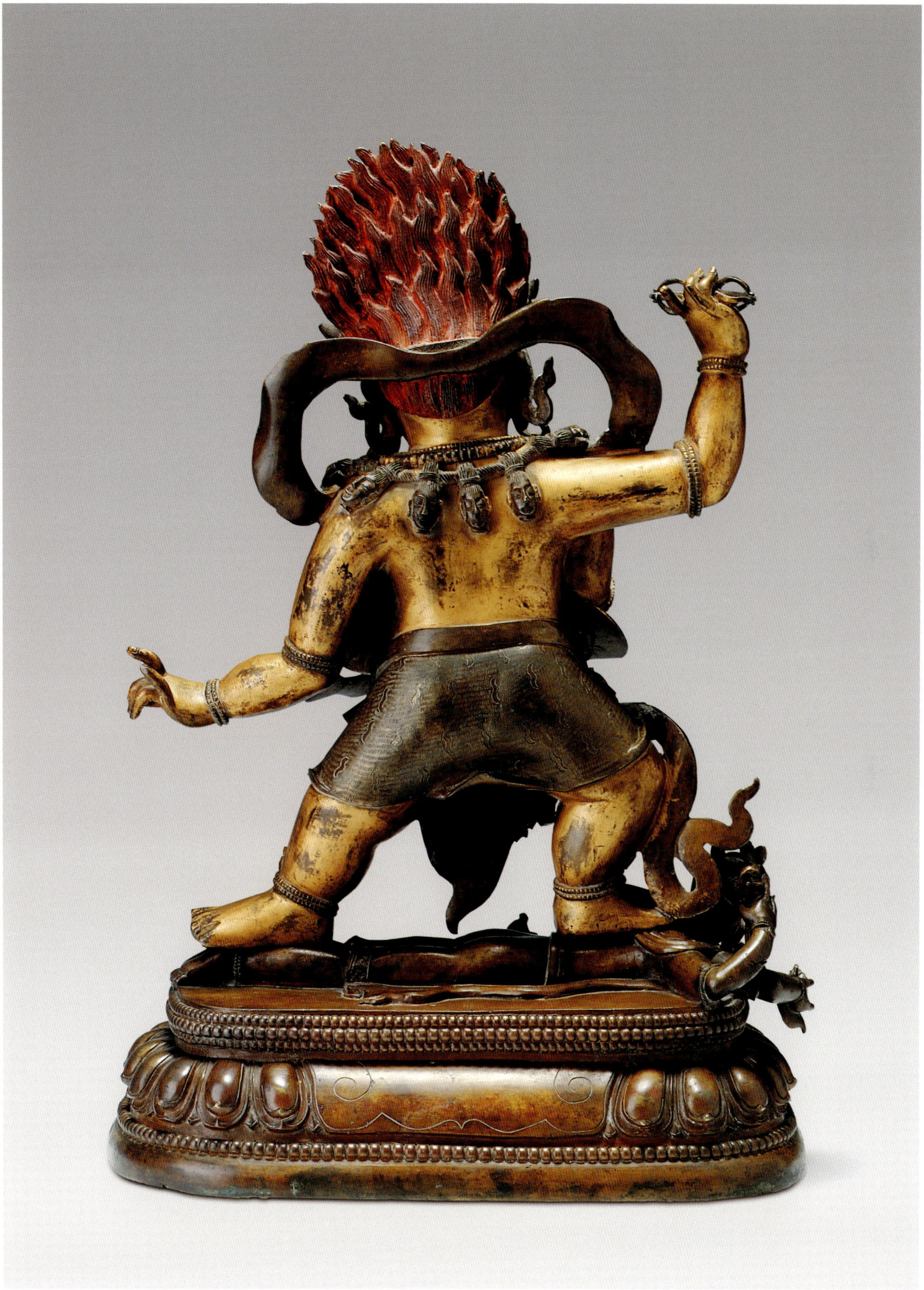

# 125.嫉威罗瓦金刚像
Vajrabhairava

清乾隆　北京

Qianlong Period,Qing Dynasty　Beijing

国内收购

高20厘米　重3375克

黄铜烧古　见肉泥金　局部彩绘

| 锑 | 锡 | 银 | 锌 | 铜 | 铁 | 铅 |
|---|---|---|---|---|---|---|
| 0.2 | 0.6 | 0 | 23.8 | 73.5 | 0.5 | 1.4 |

嫉威罗瓦金刚是清宫对忿怒相金刚手菩萨的称谓，为金刚手众多形象之一。因其以摧破恶障为本誓，故而又名“摧破金刚”。在六品佛楼造像中，嫉威罗瓦金刚也有三头六臂双身形象。

造像头戴五骷髅冠，饰火焰状赤发，三目怒视，现忿怒相。身材矮胖，四肢短粗，肚大腰圆，体态饱满。上身袒露，项挂人头蔓，胸前垂挂两条长蛇链。手镯、臂钏和脚镯等处以蛇为饰，全身共饰八蛇，分别代表八大龙王。在藏传佛教中，蛇象征“贪”，在这里用它作为装饰亦可表示对“贪”的制服。腰围虎皮裙，两肩帔帛于体侧系结后自然垂落，尾端呈祥云状拂卷，极具动感。主臂左手结期克印持金刚铃，右手结期克印擎金刚杵，左展姿。单层莲座上沿饰三道联珠纹，铸款“大清乾隆年敬造”；下沿镌刻“嫉威罗瓦金刚”，背部刻有“无上阳体根本”。莲瓣较尖，光素无纹，内层不饰云朵。原封底。

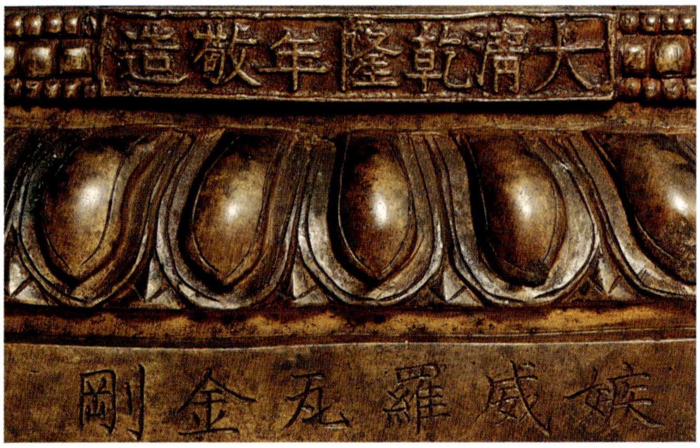

大清乾隆年敬造
嫉威羅友金剛

## 126.蓝棒金刚像
Vajrapani

清乾隆　北京

Qianlong Period,Qing Dynasty　Beijing

国内收购

高13.8厘米　重860克

黄铜烧古　见肉泥金　局部彩绘

| 锑 | 锡 | 银 | 锌 | 铜 | 铁 | 铅 |
|---|---|---|---|---|---|---|
| 0.1 | 2.4 | 0 | 19.2 | 71.5 | 0.7 | 6.1 |

蓝棒金刚为金刚手菩萨多种忿怒形象之一种，其名称应在乾隆时期直接译自梵文。

造像三面六臂形象，头戴五叶花冠，饰火焰状赤发。面生三目，圆睁怒视，宽鼻阔口，相容凶忿。身材矮小，四肢粗壮，肚大腰圆，体态饱满。上身袒露，腰围虎皮裙，皮纹刻划清晰。帔帛形似背光，顺肩自然垂于体侧。佩饰耳珰、项链、手镯、臂钏和脚镯。主臂左手结期克印持金刚铃，右手结期克印擎金刚杵，右展姿。其余四手分持宝剑、摩尼宝、莲花和法轮。单层莲座上沿饰三道联珠纹，铸款“大清乾隆年敬造”；下沿镌刻“蓝棒金刚”佛名，背部刻有“无上阳体根本”。莲瓣较尖，光素无纹，内层不饰云朵。原封底，底盖上刻有十字金刚杵图案。

大清乾隆年敬造
藍棒金剛

大清乾隆年敬造
藍棒金剛

大清乾隆年敬造
藍棒金剛

無上陽體根

# 127. 金刚铃像
Vajraghanta

清乾隆　北京

Qianlong Period, Qing Dynasty　Beijing

天津文物2004年春季拍卖会

高16.6厘米　重1820克

黄铜烧古　见肉泥金　局部彩绘

| 锑 | 锡 | 银 | 锌 | 铜 | 铁 | 铅 |
|---|---|---|---|---|---|---|
| 1.7 | 0 | 0 | 27.2 | 61.6 | 0.7 | 8.8 |

在六品佛楼造像中，以金刚铃为题材的造像极为罕见，其形象为众多忿怒相金刚手菩萨中的一种。

造像一面二臂形象，头戴五叶花冠，饰火焰状赤发，耳际处宝缯上扬。面庞方阔，三目圆睁，呲牙咧嘴。主尊上身赤裸，腰围虎皮裙。佩饰耳珰，手镯、臂钏和脚镯等处以蛇为饰。左手结期克印持金刚铃，同时拥抱明妃；右手擎金刚杵，左展姿。明妃全身赤裸，左腿勾在主尊腰间，其余特征均与主尊相同。单层莲座上沿饰三道联珠纹，铸款“大清乾隆年敬造”；下沿镌刻“金刚铃”佛名，背部刻有“无上阳体根本”，底边刻有“五十八”数字标记。莲瓣较尖，光素无纹，内层不饰云朵。原封底，底盖上刻有十字金刚杵图案。

大清乾隆年敬造
金剛鈴

# 128.高哩佛母像
Shatki

清乾隆　北京

Qianlong Period,Qing Dynasty　Beijing

国内收购

高16.8厘米　重2432克

黄铜烧古　见肉泥金　局部彩绘

| 锑 | 锡 | 银 | 锌 | 铜 | 铁 | 铅 |
|---|---|---|---|---|---|---|
| 0 | 0.32 | 0 | 22.04 | 75.49 | 0.67 | 1.48 |

在六品佛楼造像中，高哩佛母也有一面二臂形象，舞立，女身。

此尊造像为高哩佛母的双身形象，主尊与怀中明妃皆为三面六臂形象。头戴骷髅冠，饰火焰状赤发，三目圆睁，现忿怒相。主尊全身赤裸，两肩帔帛自然垂落。胸前垂挂人头蔓，项圈上刻有几何纹饰，其余佩饰如手镯、臂钏和脚镯等处均以蛇为饰。主尊左腿盘在明妃腰间，右展姿。主臂左手捧嘎布拉碗，右手持钺刀，其余四手分持宝剑、摩尼宝、莲花和法轮。明妃腰围虎皮裙，特征均与主尊相同。单层莲座上饰沿三道联珠纹，铸款“大清乾隆年敬造”；下沿镌刻“高哩佛母”佛名，背部刻有“无上阳体根本”。莲瓣较尖，光素无纹，内层不饰云朵。原封底，底盖上刻有十字金刚杵图案。

大清乾隆年敬造
高哩佛母

斗战胜佛

四臂伏魔手持金刚

金刚勇识佛

十一面观世音菩萨

金刚吽迦罗印或降伏三界印

六品佛楼造像的款识及莲瓣样式

右展姿（蓝棒金刚）

六品佛楼大型佛像莲座

六品佛楼小型佛像莲座

# 清乾隆宫廷造像

# Statues of Royal Style during Qianlong Period, Qing Dynasty

清乾隆时期，北京地区的造像规模十分庞大，一方面归因于政府对藏传佛教的鼎力支持，另一方面主要归因于我国铜产量在铜矿开禁之后的持续增长。由于乾隆皇帝对藏传佛教情有独钟，宫廷除了为六品佛楼制作了大量佛像外，还制作了由宫廷匠师设计的各种佛像。他们大多是在乾隆皇帝和精通造像艺术的三世章嘉若必多吉、土观呼图克图等大喇嘛的亲自参与和指导下完成制作的。根据目前所发现的造像看，当时宫廷造像的款识种类较多，尤以“大清乾隆年敬造”、“大清乾隆庚寅年敬造”和“土观呼图克图诚心金银造”最为常见，带有其他年份款识的造像数量较少，如“大清乾隆辛已年敬造”、“大清乾隆庚子年敬造”和“大清乾隆庚戌年敬造”等。

乾隆宫廷造像种类繁多，寓意深刻，用途广泛，刻款的佛像仅能说明制作时代和用途。例如，明永乐、宣德时期宫廷造像的款识涉及制作时期和馈赠之意；清康熙时期宫廷造像的款识一般会涉及具体的制作年份和佛名，对于那些极为重要的佛像甚至会同时用汉、满、蒙、藏四种文字刻出相同内容的铭文，以此表明详细的用途，有的还会将寄语一同刻出。除此之外，乾隆六品佛楼造像作为宫廷特有的一种造像形式，其款识也仅涉及制作时期、佛名和品名，大型的六品佛楼造像无刻佛名和品名。一般看来，不刻款的佛像至少表明他们不曾具有明确的用途和来历，应是为皇宫内外的大小佛堂和寺庙的供奉需求而制，他们所处的供奉地点存在随时被改变的可能。对此类造像，需根据他们的整体艺术风格、造型比例、身体光洁度、材料成分特征及制作工艺等方面与刻款的佛像进行对比和研究，从而作出最有说服力的判断。

民间作坊的金属冶炼技术无可能超越皇家造像机构，铜中易掺多种杂质，从而导致铜质粗松、气孔多等缺陷。此外，简陋的铸造条件和落后的铸造方法难以保证佛像局部的规范性和精细度，为佛像的后期加工带来了诸多不利因素，从而降低了佛像的整体品质。皇家造像机构拥有先进的金属冶炼技术，铜质细密，光洁莹润，杂质少，采用失蜡法（熔模铸造）铸造佛像。在制作过程中，首先，会根据气候的情况选择蜡的种类或改变蜡的性质，以此来确保制作铸模（空心蜡像）的质量。其次，在铸模外涂挂泥浆使之成为整体铸范，同时安装浇口、导蜡口和通气孔。特别是在铸造空心佛像时，往往通过支钉来加固铸模与铸范的连接。铸范在经过数日干透之后对其进行加热，铸模（空心蜡像）随即熔化流出，从而形成了空腔铸范。最后，将熔化的金属液灌注到铸范之中，待铸范内所含空气完全排出，并在金属液冷却之后打破铸范，即可得到整个铸件。这种不必取出模具的失蜡法可铸造出造型非常复杂的佛像，从而保证佛像的整体规范性和局部的精细度，是一种极为精密的铸造法。可以想象，一尊造型完美、做工精细的佛像对选取材质、铸造条件、铸造方法，以及对佛像后期的雕刻和加工等方面有着极高的要求，所以，通常仅会出自皇家造像机构。

本章节收录的造像涉及多姿多彩的小型护法神像、工艺精细的擦擦佛像、特征鲜明的仿古风格佛像，美妙绝伦的智行佛母像，以及刻款“大清乾隆庚寅年敬造”的祝寿佛像和刻款“土观呼图克图诚心金银造”的摩利支佛母像。这些作品当为清乾隆时期宫廷的杰出之作，其造像铜质细腻，造型完美，躯体光洁，雕工精湛，代表了我国清代北京造像艺术的主流风格。对于个别不刻款、且无充分根据可以证明准确制作地点的佛像，已在佛像的描述文章中作出了解释和说明。

## 129.无量寿佛像
Amitayus Buddha

清乾隆　北京

Qianlong Period, Qing Dynasty　Beijing

国内收购

高21厘米　重2020克

黄铜鎏金　见肉泥金　嵌宝石　局部彩绘

| 锑 | 锡 | 银 | 锌 | 铜 | 铁 | 铅 |
|---|---|---|---|---|---|---|
| 0 | 0 | 0 | 19.2 | 80.5 | 0 | 0.3 |

此类造像带有乾隆辛己、庚寅、庚子、庚戌四种纪年款。其中，刻有“庚寅”纪年款的最为常见。

造像一身菩萨装束，双手结禅定印，上托长寿宝瓶，跏趺端坐。身后饰镂空火焰形背光，下承方形中空须弥台座。这种样式的无量寿佛曾被大量用于祝寿活动中，寓意“长寿无量”。

造像头戴花冠，纹饰繁缛，嵌有各种宝石，制作精细。面向方圆，长眉细目，直鼻小口，神态沉静。耳挂莲花形耳珰，耳际处宝缯自然上扬。宽肩束腰，体态匀称，造型优美。上身袒露，斜披圣带，佩饰项链、手镯、臂钏和脚镯，多处镶嵌宝石。下身着裙，仅在小腿处表现衣纹，为典型的尼泊尔艺术手法。造像金色饱满，背光及座后满涂朱砂。台座下沿刻有“大清乾隆庚寅年敬造”铭款，说明此尊是乾隆三十五年时专为乾隆皇帝六十大寿制作的祝寿佛像。

大清乾隆庚寅年敬造

# 130.关公像
Status of Guan Yu

清乾隆　北京

Qianlong Period,Qing Dynasty　Beijing

北京匡时2007年春季拍卖会

高17.6厘米　重1960克

黄铜鎏金

| 锑 | 锡 | 银 | 锌 | 铜 | 铁 | 铅 |
|---|---|---|---|---|---|---|
| 0 | 1.5 | 0 | 10.7 | 86.8 | 0.5 | 0.5 |

关公一生以忠义勇武，坚贞不二著称于世。其形象被后人逐渐神化，一直是民间祭祀的对象，为佛、道、儒三教崇信，被奉为“武财神”，也是藏传佛教尊崇的护法神之一。

造像头戴盔冠，面庞方阔，浓眉交蹙，凤目微合，留有五绺长髯。身穿铠甲，外着蟠龙战袍，足蹬云靴。衣饰、铠甲雕刻精细入微，自然写实。右手捋美髯，左手抚胯，姿态气宇轩昂，坐于方台之上。脚凳正面刻有“大清乾隆年造”楷书阳识。此像工艺精湛，技法娴熟，衣纹细腻流畅。造型生动，用写实性手法塑造出关公特有的义士形象，展现出清宫廷造像艺术的精致之美。

大清乾隆年造

## 131. 摩利支天像
Marichi

清乾隆　北京

Qianlong Period, Qing Dynasty　Beijing

中国嘉德2005年春季拍卖会

高17厘米　重1060克

黄铜烧古 见肉泥金 局部彩绘

| 锑 | 锡 | 银 | 锌 | 铜 | 铁 | 铅 |
|---|---|---|---|---|---|---|
| 0.4 | 1.8 | 0 | 6.6 | 89 | 0.1 | 2.1 |

摩利支天原为古印度民间崇拜之神，相传她是帝释天的部属，专司护国安民之业。

此像刻款为“土观呼图克图诚心金银造”，为清乾隆宫廷造像类型之一。带有此款的佛像皆为摩利支佛母像，当与土观活佛的宗教修行有关。

造像头戴花冠，结高发髻，余发披搭两肩。面相圆润，直鼻小口，眼睑低垂，容貌娟秀。上身袒露，双乳高隆，腰部收束。下身着裙，衣褶多，具有早期东北印度帕拉风格造像特点。佩饰耳环、缯带、项链、手镯、臂钏和脚镯。左手持无忧树枝，右手施与愿印，舒坐猪背之上。猪是摩利支天佛母的形象标识，张口竖目，形态生动逼真。土观呼图克图为青海佑宁寺转世活佛，二世土观活佛（罗桑阿旺却吉嘉，1680～1736年）曾被康熙皇帝封为“呼图克图静修禅师”。此后，每世土观活佛即为驻京国师，与章嘉呼图克图互为师徒。1763年，三世土观活佛（罗桑却吉尼玛，1737～1802年）奉诏进京，乾隆皇帝对他十分赏识。根据造像整体艺术风格、铸造工艺及年份判断，制作者应为乾隆时期居住京城的三世土观呼图克图。

# 132. 护法神像（一组）
## Mahakala Statues (A Set)

清乾隆　北京

Qianlong Period, Qing Dynasty　Beijing

这是一组清乾隆年间北京宫廷以西藏本土特有的护法神祇铸造的小型护法神像，存世稀少。造像头戴五骷髅冠或五叶花冠，有的怒目圆睁，咧口卷舌，短须络腮，现忿怒相；有的慈眉善目，双目微合，面含笑意，呈喜悦相。以耳珰、珠宝璎珞、手镯、臂钏和脚镯佩饰其身，肉身施以泥金，局部彩绘。上身肩披帔帛，袒露胸腹；下身着裙，纹褶流畅。胯下坐骑依次为龙、猪、牛、牛、羊、象、马。

在佛经和佛教造像中，龙是常见的动物之一。图1中的骑龙护法又可称为“骑龙布禄金刚”，是观音菩萨的慈悲化身，同时也是藏传佛教崇奉的五姓财神之一。此神侧骑一行走巨龙，龙首回顾怒视，尾部高扬，形象凶猛威武。以龙为坐骑是白财神的重要标识。

图2中的骑猪护法神侧身跨骑于猪背上，姿态洒脱。猪在佛法中代表生命的愚痴体性，在佛教的“五毒”（贪、嗔、痴、慢、疑）中象征“痴”，意指愚昧无知，不明事理。

图3和图4中的骑牛护法形象各异，坐骑神牛目视前方，右前蹄跨出，作努力前行状。牛在佛教中是高贵的动物，具有举足轻重的德行与威仪。古印度时期，牛被认为是神圣的动物。

图5中的骑羊护法姿态高昂，尤显喜悦。据传，其坐骑山羊是此神生命的依附之处。在云南迪庆藏族自治州的德钦县有骑羊护法圣地。据说，此神有两种形象，一种为护法神形象；另一种为铁匠神形象，汉名为“守哲黑铁匠神”，藏名为“唐坚噶瓦那波”。其形象为右手高擎一铁锤，左手提一具虎皮风箱，这是此神的护法武器。

图6中的骑象护法神右手高擎金刚杵，气势轩昂。大象在佛教中象征高贵，因其具有勇而不躁、力大稳重的特点，可譬喻佛的举止如象中之王，因此也常用来形容菩萨修行的勇猛和稳健。

图7中的骑马护法神右手结期印，左手握一吐宝鼠，说明此神具有财神的特性。七尊护法神像造型生动，身姿平衡，坐骑雄健，鬃发丝缕整齐，均作前行奔走状。单层莲座上沿饰联珠纹一周，莲瓣光素无纹，形制古朴。

1.国内收购

高10.5厘米　重490克

| 锑 | 锡 | 银 | 锌 | 铜 | 铁 | 铅 |
|---|---|---|---|---|---|---|
| 0.1 | 0.4 | 0 | 31.1 | 65.9 | 0.6 | 1.9 |

2.国内收购

高10.5厘米　重302克

| 锑 | 锡 | 银 | 锌 | 铜 | 铁 | 铅 |
|---|---|---|---|---|---|---|
| 0.25 | 0.45 | 0 | 28.53 | 66.7 | 0.81 | 3.26 |

3.国内收购

高11.5厘米　重382克

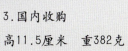

| 锑 | 锡 | 银 | 锌 | 铜 | 铁 | 铅 |
|---|---|---|---|---|---|---|
| 0.19 | 0.46 | 0 | 30.9 | 65.67 | 0.49 | 2.29 |

4.国内收购

高10.5厘米　重500克

| 锑 | 锡 | 银 | 锌 | 铜 | 铁 | 铅 |
|---|---|---|---|---|---|---|
| 0.5 | 0.5 | 0 | 29.8 | 66 | 0.9 | 2.3 |

5.国内收购

高10.8厘米　重296克

| 锑 | 锡 | 银 | 锌 | 铜 | 铁 | 铅 |
|---|---|---|---|---|---|---|
| 0.24 | 0.21 | 0 | 35.3 | 61.22 | 0.6 | 2.43 |

6.国内收购

高11厘米　重342克

| 锑 | 锡 | 银 | 锌 | 铜 | 铁 | 铅 |
|---|---|---|---|---|---|---|
| 0.27 | 0.18 | 0 | 33.16 | 61.74 | 0.68 | 3.97 |

7.国内收购

高11厘米　重308克

| 锑 | 锡 | 银 | 锌 | 铜 | 铁 | 铅 |
|---|---|---|---|---|---|---|
| 0.31 | 0.23 | 0 | 33.45 | 61.53 | 0.64 | 3.84 |

# 133. 大威德金刚像（擦擦）
Yamantaka (Tsha Tsha)

清乾隆 北京

Qianlong Period, Qing Dynasty Beijing

2008年欧洲回流

高8厘米 重428克

黄铜鎏金 局部彩绘

| 锑 | 锡 | 银 | 锌 | 铜 | 铁 | 铅 |
|---|---|---|---|---|---|---|
| 0.04 | 0.39 | 0 | 33.22 | 63.67 | 0.64 | 2.04 |

清乾隆时期，宫廷制作了大量的擦擦佛像，大多被供奉在皇宫御苑的佛寺、佛堂和京城内外的一些皇家寺庙之中。所有宫廷制作的擦擦佛像皆以宫廷精致的铜范压制而成的小型泥佛像，造型十分规整。擦擦源于古印度，正名“模印佛像”或“压膜佛像”，在我国汉传和藏传佛教的传播区域十分流行。早在吐蕃时期，西藏就已流行制作擦擦佛像，一直延续至今。

此像与常见的擦擦佛像材质不同，采用黄铜铸造，并非压制而成。其外形成佛龛状，外缘立塑一宽一窄的凸形线条一圈。主尊左展姿，九头三十四臂十六足形象。九头分三层排列，最高一头为文珠菩萨本相；中间一头为如来相；最下一层七头，正中最大一头为水牛头。每头皆戴五骷髅冠，赤发上竖，现忿怒相。颈挂人头蔓，主二臂怀抱明妃，外伸三十二臂，诸手皆持法器（铃、杵、刀、剑、弓、箭、瓶、索子、钩、戟、伞、盖、骷髅）。明妃左腿勾在主尊腰间，左手持嘎布拉碗，右手持钺刀。

## 134.无量寿佛像
Amitayus Buddha

17～18世纪　北京或西藏（雪堆白）

17～18th Century　Beijing or Tibet

北京匡时2006年秋季拍卖会

高23.5厘米　重1576克

黄铜　嵌金　嵌银　局部泥金彩绘

| 锑 | 锡 | 银 | 锌 | 铜 | 铁 | 铅 |
|---|---|---|---|---|---|---|
| 0.3 | 0 | 0 | 22.7 | 74.7 | 0 | 2.3 |

此像为我国清代仿东印度帕拉风格作品，像身在经历长期氧化之后呈现出暗色的皮壳，这是清中期仿古造像的一大特点。人物造像具有典型的尼泊尔风格，背光造型为噶当巴式，台座为帕拉式。

造像头戴五叶花冠，束发高髻，耳上扇形冠结横出，耳际处宝缯自然上扬。面容寂静，身材匀称，两肩帔帛自然拂于体侧。上身袒露，佩饰耳珰、珠宝项链、长链、手镯、臂钏和脚镯。下身着裙，裙上装饰错金、错银等花卉纹饰，具有明显的清代制作工艺特点，多见于西藏雪堆白风格造像。单层莲座上沿饰联珠纹一周，座面铺有卷草纹坐垫。下承多角叠涩式台座，中间雕有金刚杵、凤鸟和双狮。背光镂空，以缠枝花卉贯穿其间，雕有兽面、凤鸟和狮羊。

明清时期，北京地区用黄铜铸造佛像，尤其是清代北京造像的锌含量很高。西藏地区在这一时期普遍用红铜制作佛像，有时也会用低锌黄铜，锌含量不过百分之几。根据佛像的金属元素判断，此造像应在北京地区制作的可能性较大。

# 135.智行佛母像
Jnanakara

18世纪　北京或西藏（雪堆白）
18th Century　Beijing or Tibet

国内收购
高21.3厘米　重1400克
红铜　金质器物　银质饰物　局部泥金彩绘

| 锑 | 锡 | 银 | 锌 | 铜 | 铁 | 铅 |
|---|---|---|---|---|---|---|
| 0 | 0 | 0 | 1.4 | 97.1 | 0 | 1.5 |

智行佛母亦称“作明佛母”，是藏密中十分推崇的智慧女神，“智行”意指智慧和行业。紫褐铜色富有紫金铜效果，工艺复杂，雕工精湛。手持器物为金质，身上饰物为银质，是目前同类造像中最为精美的智行佛母像。

造像一面四臂形象。头微左倾，戴银质五骷髅冠，耳上扇形冠结横出，耳际处宝缯呈U形自然上扬。面部泥金彩绘，表情喜悦。身材比例匀称，胸部丰满，双乳隆起，腰肢纤细，围虎皮裙。项挂银质五十人头蔓，佩饰银质项圈、瓔珞、长链、手镯、臂钏和脚镯。左腿舞姿独踏仰面印度教爱神，正二手拉开花蔓弓箭作引满欲射状，其余二手各持无忧花枝。仰覆莲座造型较高，上下沿均饰联珠纹，整体样式为典型的东北印度帕拉风格。座面生出一茎乌巴拉花，莲瓣圆润舒展，对称分布。原封底，封底盖上刻有十字金刚杵图案。

根据造像的整体工艺特征和精美程度判断，此像应为乾隆宫廷所制，其风格直接受到了西藏雪堆白艺术的影响。雪堆白是西藏地区手工艺水平最高的管办机构，由五世达赖喇嘛建立。“堆白”意指“能兴建一切享受物品者”，位于布达拉宫下的“雪”区（即拉萨布达拉宫脚下的一片地方，在其城墙外西侧的广场边上，有一座端端正正、四四方方的两层院落）。雪堆白在造像工艺方面力求精致和典雅，布局严谨，刀工细腻，线条流畅。在保持整体的传统艺术风格上也有着艺术上的创新，经过长期的实践发展，最终形成了独特的雪堆白艺术风格，代表了西藏近、现代传统工艺的最高水准。雪堆白艺术风格不仅影响到清代宫廷，也对西藏和蒙古的造像艺术产生了重要影响。大多雪堆白作品保存在西藏的一些重要寺院和北京故宫中，仅有极少数作品流失在民间。

祝寿佛像（无量寿佛）

左腿舞立姿
（智行佛母像）

无量寿佛
（裙上装饰错金、错银等花卉纹饰）

“大清乾隆庚寅年敬造”祝寿佛像台座

清代仿制东印度帕拉风格莲座
（座面生出一茎乌巴拉花，仰卧印度教爱神）

多角叠涩式台座
（前方雕有金刚杵、凤鸟和双狮）

卷草纹坐垫

单层仰式莲座

“土观呼图克图诚心金银造”
摩利支天佛母像莲座

# 清代内地造像

# Statues of China Inland during Qianlong Period, Qing Dynasty

公元13世纪中叶，藏传佛教及佛教造像艺术传入内地，并对内地元、明、清三朝的政治与宗教文化产生了极大的影响。从元朝已设立管理藏族地区的军政及全国佛教事务的宣政院（原名总制院）和宫廷造像机构“梵相提举司”，至明朝针对上层宗教人物设立的册封政策和宫廷造像机构“佛作”，均已说明藏族文化和藏传佛教艺术在内地的发展过程中得到了元、明两朝皇室的认同与扶持。清朝是我国多民族统一的重要时期，也是藏传佛教在宫廷的兴起时期，以康熙和乾隆为代表的两朝皇帝极力推崇藏传佛教，先后在宫中设立“中正殿念经处”和“造办处”。北京作为清代的政权中心，以其强大的军事和政治影响力不断地从尼泊尔、西藏、蒙古、青海及北京周边地区引进优秀的工匠，并将精湛的铸造技术和雕刻技术融入到北京传统的造像艺术之中，从而创造了清代宫廷造像风格。例如，康熙五十二年(1713年)至乾隆四十五年（1780年）间，在河北承德（原名热河）避暑山庄东北部陆续建成的八座藏传佛教寺庙（总称：外八庙），其建筑风格及庙内供奉的佛像均融入了汉、藏、蒙、满四大民族的艺术风格。

乾隆时期，我国拥有近三亿人口，佛教信仰已遍及社会各个阶层和百姓生活之中。为满足皇室和民众的信仰需求，清政府在乾隆九年时将雍和宫改建为北京最大的喇嘛庙，用于管理全国的佛教事务。这一时期我国的造像十分兴旺，北京、藏中、藏东、四川、青海、甘肃、漠北蒙古（今外蒙古）、漠南蒙古（今内蒙古）、山西五台山及河北承德等地都在制作佛像。除宫廷造像外，北京地区的一些佛教寺庙和民间作坊也大量制作佛像，有的在风格上与宫廷造像近乎相同，有的则直接效仿宫廷的造像样式，这些大多出自汉族工匠之手。从历史上看，清廷对漠南蒙古除了在经济上给予帮助外，康熙皇帝还册封二世章嘉活佛之后命其掌管漠南蒙古、北京及山西等地的政教事务。乾隆时期，三世章嘉活佛得以乾隆皇帝重用，受命负责漠南蒙古、北京、河北、山西及青海等地的宗教事务。由此可见，北京与漠南蒙古在政治和宗教上的关系十分密切，派有蒙古工匠参与北京地区造像的同时，也有汉族工匠效力于漠南蒙古的多伦造办处。西藏的寺庙组织和铸造场多集中在前藏拉萨和后藏日喀则地区，依然盛行仿效早期东印度、尼泊尔及斯瓦特等外来艺术风格的造像，其中一些铸造场也会仿效宫廷的造像样式制作佛像；西藏东部主要盛行以昌都为中心的四川、青海、甘肃等地铸造的佛像，在造像风格上受到了内地和漠北蒙古的影响。与此同时，漠北蒙古盛行制作由一世哲布尊丹巴在公元17世纪独创的丹巴系造像，在风格上融合了帕拉、尼泊尔、西藏、内地及本地等多种艺术元素；而漠南蒙古在归化城（今呼和浩特市旧城）、多伦诺尔（多伦造办处）及乌兰巴托等地均设有佛像制作中心，其造像风格受到了漠北蒙古、内地及北京宫廷的影响，大多造像具有浓厚的内地色彩，这一时期的北京和承德地区也制作此类造像。

清代佛像遗存呈现出多地、多样化的造像艺术发展趋势，鉴于我国现在的内地领土范围，本章节将清代内地十八省以外的漠南蒙古和青海地区纳入内地。整体上看，清朝内地造像普遍受北京宫廷造像风格的影响。造像题材丰富，宗教内容涉及广泛，既有庄严神圣的佛祖像、慈眉善目的菩萨像、婀娜多姿的佛母像，也有威严怒目的金刚像、身披甲胄的天王像、面目狰狞的护法像和高度写实的上师像等。在判断这些造像的产地时，仅仅根据他们的艺术风格和工艺特征是无法进行准确的判断，因为，来自不同地区的工匠在这一时期往往效力于同一造像机构，并且将各自擅长的技艺展现在佛像制作上，从而形成了复杂多样的艺术风格。历史上任何一个制作佛像的地区在用材上都有着似乎难以改变的传统选择，任何工匠都不曾改变这一长期固有的现象。因此，造像的金属成分应被视为断定产地的重要参考因素之一，同时结合造像的艺术风格、造型样式、面部特征、装饰手法和制作工艺等进行判断。本章节收录的造像材质均为黄铜，工艺精湛，异彩纷呈，主要出自北京、多伦及承德地区的佛像制作中心。

# 136.释迦牟尼像
Shakyamuni

18世纪　内地

18th Century　China Inland

北京翰海2008年秋季拍卖会

高16厘米　重1118克

黄铜鎏金　局部彩绘

| 锑 | 锡 | 银 | 锌 | 铜 | 铁 | 铅 |
|---|---|---|---|---|---|---|
| 0 | 0.26 | 0 | 25.79 | 72.19 | 1.38 | 0.38 |

造像头饰螺发，肉髻高隆，宝珠顶严。面庞丰圆，长眉大眼，直鼻小口，神态庄严尊贵。上身端正，身着系带僧祇支，外披袈裟，袒右覆肩，为明代汉地造像的传统装束。胸臆前的“卍”字符亦可称为“吉祥海云”或“吉祥喜旋”，为释迦牟尼三十二种大人相之一。整体衣纹厚重，自然流畅，衣缘纹饰錾刻精美，运用了汉地传统的写实技法，同时也带有西藏造像注重表现身体起伏变化的艺术特征。手脚刻划柔软写实，左手结禅定印，右手施触地印，跏趺端坐。梯形仰覆莲座束腰略深，上下沿均饰联珠纹一周。莲瓣尖锐，内层不饰云朵，光素无纹，对称分布。造像结合了汉藏造像艺术之精髓，造型端庄大气，神态生动，雕工精湛。

# 137.释迦牟尼像
Shakyamuni

18世纪　内地

18th Century　China Inland

北京翰海2008年秋季拍卖会

高16.5厘米　重1870克

黄铜鎏金　局部彩绘

| 锑 | 锡 | 银 | 锌 | 铜 | 铁 | 铅 |
|---|---|---|---|---|---|---|
| 0.1 | 0.2 | 0 | 36 | 62.1 | 0.4 | 1.2 |

造像头饰螺发，肉髻高隆，宝珠顶严。面庞圆润，长眉细目，直鼻小口，神态庄严尊贵。上身端正，内着僧祇支，外披右袒式袈裟。衣纹厚重流畅，衣缘纹饰錾刻精美，运用了内地传统的写实技法，同时也带有西藏造像注重强调身体起伏变化的艺术特征。手脚刻划柔软写实，左手结禅定印，右手施触地印，跏趺端坐。束腰式梯形仰覆莲座上沿饰联珠纹一周，莲瓣宽肥饱满，对称分布，仅用阴线饰出卷云纹，工艺精细。原封底，封底盖上刻有十字金刚杵和阴阳鱼图案。此像身材匀称，开脸精美，表情寂静。衣着特征明显，右肩袒露，没有完全采用汉地流行的传统装束，但在整体制作工艺上则带有明显的内地造像技法。

# 138. 龙尊王佛像
Nagashvara

18世纪　内地

18th Century　China Inland

北京翰海2008年秋季拍卖会

高18.7厘米　重1325克

黄铜鎏金　见肉泥金　局部彩绘

| 锑 | 锡 | 银 | 锌 | 铜 | 铁 | 铅 |
|---|---|---|---|---|---|---|
| 0 | 0.4 | 0 | 33.6 | 64.1 | 0.6 | 1.3 |

此像题材少见，造型独一无二，身后七条大蟒探头而出，胸前双手结缚拳印，跏趺端坐。龙尊王佛作为在佛教礼仪活动中称颂的三十五佛之一，常以文殊菩萨过去世的法身佛形象显现，全称“龙种上尊王佛”。根据目前发现的造像实物看，此类题材造像多制作于清代，样式种类各有区别。

造像头饰螺法，肉髻高隆，宝珠顶严。面庞方圆，长眉细目，直鼻小口，表情静谧。上身端正，身着系带僧祇支，外披袈裟，覆裹右肩，为明代以来汉地流行的衣着样式。衣纹质地厚重，流畅自然，衣缘纹饰錾刻精美，运用了内地传统的写实技法。梯形仰覆莲座上沿饰联珠纹一周，下沿饰精密的联珠纹一周，雕工极其精细。莲瓣对称分布，其上条纹刻划清晰，纹饰精美。造像具有典型的清代汉藏造像艺术风格，金色饱满，为清代内地造像艺术精品。

## 139.无量寿佛像
## Amitayus Buddha

18世纪　内地

18th Century　China Inland

伦敦佳士得2011年春季拍卖会

高33厘米　重7130克

黄铜鎏金

| 锑 | 锡 | 银 | 锌 | 铜 | 铁 | 铅 |
|---|---|---|---|---|---|---|
| 0.1 | 1.1 | 0 | 23.6 | 73.4 | 0.3 | 1.5 |

造像身姿端正，双手于脐前结禅定印，跏趺端坐。头戴五叶花冠，束发高髻，余发卷曲，垂搭双肩。面相丰润，长眉细目，鼻梁高挺，表情沉静。耳上扇形冠结横出，耳际处宝缯呈祥云状自然上扬，耳珰中心为八瓣花，下部垂有花叶。上身袒露，双肩宽阔，胸部挺拔，腰如约素。帔帛在肘部分别绕成半圆环状，尾端自然垂于身体两侧，其样式源于康熙时期造像艺术风格。胸前佩饰项圈、璎珞项链及长珠链，手、臂、踝均戴钏镯。下身着裙，腰间束带，采用了汉地表现手法，裙边纹饰錾刻精美，裙褶自然垂于座面上。梯形莲座束腰较深，仅在上沿饰连珠纹一周。莲瓣较尖，内层不饰云朵，光素无纹，对称分布。原封底，封底盖上刻有十字金刚杵图案。此像造型端庄，体量高大，饰物华丽，做工精细，为清代内地造像艺术精品。

## 140. 文殊菩萨像
Manjushri Bodhisattva

18世纪　内地

$18^{th}$ Century　China Inland

**国内收购**

**高24.5厘米　重3600克**

**黄铜鎏金　嵌宝石**

| 锑 | 锡 | 银 | 锌 | 铜 | 铁 | 铅 |
|---|---|---|---|---|---|---|
| 0.2 | 1.2 | 0 | 25.4 | 71.4 | 0.5 | 1.3 |

造像头戴五叶花冠，冠叶不镂空，为典型的清代制作手法。顶结葫芦形发髻，上饰摩尼宝珠，余发卷曲，垂搭双肩。耳挂大耳珰，耳际处宝缯上扬，耳上冠结系呈圆形，这种样式在一些清代造像中可以见到。面相方圆，长眉细目，直鼻小口，五官刻划清晰。双肩宽阔，胸部厚实，腰部收束。佩饰耳珰、项圈、珠宝项链、手镯、臂钏和脚镯，胸前垂下的三根珠串已成为这一时期造像的常见样式。帔帛于体侧自然翻卷，尾端轻轻垂在莲座上。下身着裙，纹褶厚重写实，纹饰錾刻精美，裙缘以联珠为饰，颇具特色。左手结三宝印，左肩花蕊上奉置般若波罗蜜多梵匣；右手高擎宝剑，跏趺端坐。梯形莲座束腰较深，仅在上沿饰连珠纹一周。莲瓣较尖，内层不饰云朵，光素无纹，对称分布。原封底，封底盖上刻有十字金刚杵图案。

# 141. 地藏王菩萨像
Kshitigarbha

18世纪　内地

18th Century　China Inland

北京翰海2008年秋季拍卖会

高20.5厘米　重2398克

黄铜鎏金　见肉泥金　局部彩绘

| 锑 | 锡 | 银 | 锌 | 铜 | 铁 | 铅 |
|---|---|---|---|---|---|---|
| 0.3 | 1.1 | 0 | 8 | 88.9 | 0.2 | 1.5 |

地藏王菩萨是佛教八大菩萨之一（文殊、普贤、观世音、金刚手、虚空藏、地藏、弥勒、除盖障）。因地藏王菩萨安忍不动如大地，静虑深密如秘藏，故而称之为“地藏”。由此可见，地藏菩萨愿力深广，因而深受世人敬仰。

造像头戴五方佛冠，冠叶高大，不镂空，为典型的清代制作手法。面相方圆，耳垂肥厚，慈眉善目，肃穆含笑。上身端正，胸前饰珠宝璎珞，三根珠串布局舒展。体态饱满，内着系带僧袛支，外着垂领式通肩袈裟，外披披肩。衣纹质地厚重，纹褶自然流畅，运用了汉地造像注重刻划衣褶的传统。左手结禅定印托钵（已佚），右手当胸拈握锡杖（已佚）。梯形仰覆莲座上沿饰联珠纹一周，仰瓣圆扁，覆莲长圆，光素无纹，对称分布。原封底，封底盖上刻有十字金刚杵图案。

# 142.红度母像
Red Tara

18世纪　内地

$18^{th}$ Century　China Inland

国内收购

高10.5厘米　重414克

黄铜　见肉泥金　局部彩绘

| 锑 | 锡 | 银 | 锌 | 铜 | 铁 | 铅 |
|---|---|---|---|---|---|---|
| 0.5 | 2.5 | 0 | 21.6 | 71.2 | 0.5 | 3.7 |

红度母为藏密二十一位度母之一，亦称“最勇度母”，象征权威与力量。

造像面相方阔，宽鼻阔口，呲牙咧嘴，现忿怒相。像身光洁，胸部突出。上身袒露，下身着裙，裙襞线条硬朗。在造型、头饰、佩饰及上身斜披的圣带等方面存有早期尼泊尔造像特点。左手拈一茎乌巴拉花，当胸结三宝印；右手持一宝瓶，施与愿印，右脚踏莲舒坐。束腰式梯形莲座上沿饰联珠纹一周，下沿略向外撇，为典型的清代莲座特点，莲瓣长圆，对称分布。原封底，封底盖上刻有十字金刚杵和阴阳鱼图案。造像铜质中含有大量的锌和少量的铅，质地光亮莹润，像身表层氧化之后普遍会泛出黑亮光泽，愈显古朴典雅。

## 143.那若卡居空行母像
Vajrayogini, Naro Khechari

18世纪　内地

$18^{th}$ Century　China Inland

中国嘉德2012年春季拍卖会

高16.5厘米　重1028克

黄铜鎏金　局部彩绘

| 锑 | 锡 | 银 | 锌 | 铜 | 铁 | 铅 |
|---|---|---|---|---|---|---|
| 0.2 | 0.3 | 0 | 22.9 | 75.2 | 0.2 | 1.2 |

古印度三位大成就者（那若巴、帝释法王、弥支巴）分别传承了各自的专属空行母（那若卡居空行母、帝释空行母、弥支空行母），均为藏密无上密乘之本尊。在藏传佛教中，那若卡居空行母又可称为“金刚瑜伽母”，被视为最具智慧、力量和慈悲的女神，意为在空中行走之人，备受各大教派重视。

造像头饰精美，身后长发有如瀑布一般顺滑，体现出女性修行者应有的特征。头戴五骷髅冠，面具三目，作朝天仰视饮血之势，现忿怒相。身材修长，腰部略收，小腹圆隆，其下束带结垂腿间。全身赤裸，装饰繁缛，尤以上身U形瓔珞、长珠串和垂挂的骷髅长链最具特色。其余饰物如耳环、项圈、手镯、臂钏和脚镯制作精细，风格简约。右展姿，左臂屈肘，手托嘎布拉碗，右手持钺刀，足踏印度教怖畏天与邬摩天女，展现出降妖伏魔之威猛气势。莲座为典型的清代单层覆式莲座样式，莲瓣尖锐，内层不饰云朵，光素无纹。造像造型生动，体态优美，雕工精湛，金色饱满，原封底。

## 144.降阎魔尊像
Yamantaka

18世纪　内地

18th Century　China Inland

北京匡时2006年秋季拍卖会

高20厘米　重1760克

黄铜鎏金　见肉泥金　局部彩绘

| 锑 | 锡 | 银 | 锌 | 铜 | 铁 | 铅 |
|---|---|---|---|---|---|---|
| 0.1 | 0.1 | 5.6 | 5.4 | 87.9 | 0.2 | 0.7 |

降阎魔尊亦称“地狱主”，为汉传佛教中之“阎罗王”，其形象与判官较为接近。在藏传佛教中，降阎摩尊又作“阎罗法王”，为佛教护法神，形象与大威德金刚较为相似。

造像牛头人身形象，为三种降阎魔尊中常被单独供奉的一种形象。头两侧各长一牛角，赤发上竖，戴五骷髅冠。面生三目，圆睁怒视，宽鼻阔口，獠牙外露，与大威德金刚显现的牛头样式及面貌十分相似。全身赤裸，项挂人头蔓，胸前饰珠宝璎珞，装饰繁缛。四肢佩戴钏镯，左手托嘎巴拉碗，右手执钺刀，左脚踩牛尾，右脚踩牛头。铜牛刻划精美，牛背上饰珠宝璎珞。单层覆式莲座，莲瓣较尖，内层不饰云朵，光素无纹。特别之处在于莲座上下沿共饰联珠纹四周，其中两周联珠纹极为精密，工艺精细。原封底，封底盖上刻有十字金刚杵图案。造像形象异常生动，雕工精湛，金色饱满，展现出降阎魔尊大威猛、大忿怒的宗教特征。

## 145. 大威德金刚像
Yamantaka

18世纪　内地

18th Century　China Inland

北京保利2009年秋季拍卖会，原日本关西财阀家族旧藏

高20.5厘米　重3478克

黄铜鎏金　局部泥金彩绘

| 锑 | 锡 | 银 | 锌 | 铜 | 铁 | 铅 |
|---|---|---|---|---|---|---|
| 0.1 | 0.3 | 0 | 28.6 | 69.9 | 0.3 | 0.8 |

造像身具九头三十四臂十六足，这是大威德金刚最复杂、最恐怖的一种形象。九头分三层排列：最下层七头，其中左右各三头，颜色各异，居中一头最为突出，长有一对水牛角，象征阎王；第二层一头，为吃人夜叉（参怖）；顶层一头，为其本尊文殊菩萨法相。每头皆戴骷髅冠，面各三目。三十四臂分置于左右两侧，主臂左手持嘎巴拉碗；右手持钺刀，同时拥抱明妃；其余各手伸向两边，手中持物各有寓意，其主旨在于表现本尊大勇猛、大无畏的功德。颈挂五十骷髅长链，四肢佩戴钏镯。明妃（罗浪杂娃）依偎在主尊怀中，左手捧骷髅碗，右手持钺刀。主尊左展姿，十六足分踏八禽，八兽及天王、明王。单层莲座上沿饰联珠纹一周，下沿凸起的三道弦纹具有典型的乾隆时期蒙古造像风格。莲瓣形似双卵，刻有川字纹，表示叶脉。原封底，封底盖上刻有十字金刚杵图案。造型制作规范，符合造像仪轨的规定。特别是底座后部仍残存当时供奉时的红漆，应为过去供奉于寺庙的重要造像。

## 146.六臂黑玛哈嘎拉像
## Black Six-armed Mahakala

18世纪　内地

18th Century　China Inland

国内收购

高14.6厘米　重1075克

黄铜鎏金　局部彩绘

| 锑 | 锡 | 银 | 锌 | 铜 | 铁 | 铅 |
|---|---|---|---|---|---|---|
| 0.2 | 0.8 | 0 | 29.3 | 68.4 | 0.6 | 0.7 |

六臂黑玛哈嘎拉为香巴噶举、觉囊及格鲁派之主护法。密教传入内地时，首先得到了忽必烈的崇信，随即成为蒙古军队的保护神。至清朝时，满族人受蒙古信奉藏传佛教的影响，开始崇信大黑天。清军入关后，清政府在北京建立大黑天庙（北京东城区南池子大街内的“玛哈噶喇庙”）。此庙原是睿亲王多尔衮私邸，后由康熙皇帝即令改为喇嘛庙，用于供奉大黑天。

造像头戴五骷髅冠，一面三目，呲牙咧嘴，现忿怒相。红色猬发中缠一蛇，颈间亦缠一蛇，以表对龙王的降服。主臂双手分持嘎布拉碗和钺刀，腰系虎皮，环绕人头链。上二手分持人骨念珠和三叉戟（已佚），同时扯白象皮；下二手分持鼓和金刚绳（已佚）。左展姿，足踏象头天神。仰覆莲座上沿饰联珠纹一周，莲瓣错落分布。仰莲扁薄，呈叶脉状，紧贴座壁，显然汲取了当时蒙古造像元素。原封底，封底盖上刻有十字金刚杵图案。

# 147. 吉祥天母像
Palden Lhamo

18世纪　内地

18th Century　China Inland

北京匡时2007年春季拍卖会

高18.5厘米　重2040克

黄铜鎏金　局部彩绘

| 锑 | 锡 | 银 | 锌 | 铜 | 铁 | 铅 |
|---|---|---|---|---|---|---|
| 0.2 | 0.9 | 0 | 7.8 | 89.5 | 0.8 | 0.8 |

造像头戴五骷髅冠，赤发上竖，顶部饰以弯月和孔雀翎，表其法力无上。冠沿垂下数根珠串，样式华丽。面相方阔，三目圆睁，口咬尸身，表情凶忿。耳挂大耳珰，耳际处宝缯上扬。前胸袒露，双乳下垂，胸前饰有日轮。项挂人头蔓，胸前垂挂长珠链，四肢佩戴钏镯。肩披人皮，帔帛顺肩自然垂落，尾端呈祥云状卷拂于体侧。左手捧嘎布拉碗，右手高擎天仗，以倒垂首级之人皮为鞍，侧身跨坐于黄骡背上。黄骡造型生动，佩饰人头蔓，以奔走之状踏于峰峦血海之上。骡子臀上可见一眼，据传此处原是被箭射中的伤口，后被吉祥天母化作慧眼金睛，以此来警惕身后之敌，这也是吉祥天母的重要标识之一。

# 148.吉祥天母像
Palden Lhamo

18世纪　内地

18th Century　China Inland

国内收购

高44厘米　重14795克

黄铜鎏金　嵌宝石　局部彩绘

| 锑 | 锡 | 银 | 锌 | 铜 | 铁 | 铅 |
|---|---|---|---|---|---|---|
| 0 | 0.98 | 0 | 37.47 | 55.7 | 0.53 | 5.32 |

有关吉祥天母是古印度神话中之人物的故事传说很多，常被称为“吉祥天女”。据传，吉祥天女貌美如花，天性好玩，为能使她自行悔过，其父无奈将她锁在家中，后其母将她偷偷放走。情急之下，她骑着一头黄骡逃出了门外,其父闻声后立刻骑马追赶，同时拉弓射箭，不料只射中黄骡臀部。从清代存留的吉祥天母像中可看到黄骡臀部有一眼，为原先被箭射中的伤口，后被吉祥天母化作慧眼。此特征是吉祥天母像的重要标识之一。

在印度古代宗教（婆罗门教）和印度教中，吉祥天母被塑造为女神，其形象在印度有四臂、八臂等，主要司管命运、财富、智慧和道德。她被金刚手菩萨降伏后，便成为佛教中的重要护法神，并以一面二臂忿怒相示现，此种形象一直作为供奉的流行样式，多见于清代造像之中。

此像头戴五人头冠，赤发上竖，发中饰日轮和半杵。冠上五颗人头顶饰摩尼宝珠，双目圆睁，牙齿呲露，表情喜悦。佛母三目圆睁怒视，虎牙外露，口咬尸身，表情凶忿。耳挂大耳珰，左则耳珰后盘一蛇，右则耳珰后蹲一狮。肩上披风，身披人皮，帔帛自然垂落，尾端呈祥云状卷拂于体侧。前胸袒露，双乳下垂，项挂五十人头蔓，胸前垂挂长珠链，四肢佩戴钏镯。腰围虎皮裙，脐上饰日轮。左手捧嘎布拉碗，右手高擎天仗，以倒垂首级之人皮为鞍，侧身跨坐于黄骡背上。黄骡造型生动，以奔走之状踏于峰峦血海之上。骡子前后腿上部可见挂有吉祥天母所用的五种神器（咒语包、疾病种子袋、骰子、魔线球和拘鬼牌）。吉祥天母在藏传佛教中具有战神的功能，因此一般会被塑造成好战的忿怒形象。此外，西藏民间奉其为“白拉姆神”，被视为拉萨地区的守护神，同时被视为达赖和班禅的保护神，具有崇高的地位。为此，拉萨地区还专门设立了纪念她的节日（白拉日珠节）。此像是尺寸最大、工艺最精、品相最好的一尊带有蒙古风格的吉祥天母像。

# 149. 大鹏金翅鸟像
Garuda

18世纪　内地

18th Century　China Inland

北京匡时2007年春季拍卖会

高14厘米　重620克

黄铜鎏金　局部彩绘

| 锑 | 锡 | 银 | 锌 | 铜 | 铁 | 铅 |
|---|---|---|---|---|---|---|
| 0.1 | 1.4 | 0 | 23.6 | 72.9 | 0.6 | 1.4 |

大鹏金翅鸟是佛教和印度教典籍中记载的一种神鸟（迦楼罗的意译），为佛教天龙八部之一，也是密教五方佛北方羯摩不空成就佛之坐骑。此类题材造像通常以全鸟身、人面鸟身或鸟面人身形象出现。

此造像为鸟面、人身、鸟足，这种造型奇特罕见。头上生出两只牛角，须眉赤发，三目圆鼓，表情凶忿。上身赤裸，嘴叼一蛇，形貌令人怖畏。腰围羽毛裙，腰间束带结垂腿间。佩饰耳珰、项链、珠宝璎珞，手镯、臂钏和手镯。双手分举蛇首和蛇尾，以表对龙族的降伏。展双翅，两腿向外弯曲站立。单层莲座上沿饰联珠纹一周，莲瓣扁平舒展，制作规整。原封底，封底盖上刻有十字金刚杵图案。

## 150.黑财神像
Black Jambhala

18世纪　内地

18th Century　China Inland

天津文物2006年秋季文物竞拍会

高11.2厘米　重584克

黄铜鎏金　局部彩绘

| 锑 | 锡 | 银 | 锌 | 铜 | 铁 | 铅 |
|---|---|---|---|---|---|---|
| 0.1 | 0.9 | 0 | 27.8 | 69 | 0.7 | 1.5 |

造像头戴不动佛冠，赤发上竖，发中缠蛇。面庞方阔，双眉紧蹙，宽鼻阔口，三目圆睁怒视。身形矮胖，四肢粗壮，大肚福相，赤裸无遮。像身以珠宝璎珞和八蛇为饰，生殖器上竖。八蛇在这里表八龙王，以此来展示黑财神已征得所有宝贝的成就。在藏传佛教中，蛇象征"贪"，在这里用它作为装饰又可表示对"贪"的制服。左手持吐宝鼠，右手捧嘎布拉碗，足踏黄色持财天，左展姿。单层莲座上沿饰联珠纹一周，莲瓣较尖，内层不饰云朵，光素无纹。造像铜质中含有大量的锌和少量的铅，铜质莹润，像身表层氧化后泛出暗色光泽，愈显古朴典雅。

## 151.财宝天王像
### Jambhala

18世纪　内地

18th Century　China Inland

北京翰海2009年春季拍卖会

高20厘米　重3220克

黄铜鎏金　局部彩绘

| 锑 | 锡 | 银 | 锌 | 铜 | 铁 | 铅 |
|---|---|---|---|---|---|---|
| 0 | 1 | 0 | 10.9 | 86.7 | 0.9 | 0.4 |

造像头戴五叶花冠，粗眉紧蹙，慧眼圆睁，络腮短须，现神王相容。身着铠甲，腰勒金带，足登高靴，为典型的武将装束。两肩帔帛形制宽大，动感十足，尾端自然垂落。左手握吐宝鼠，右手原持胜幢，据说它一转动便会产生珠宝。以威震三界坐姿跨坐于雄狮之上。雄狮回首仰望，尾巴翘起，神态栩栩如生，头尾分别石青着色。单层覆式莲座与乾隆六品佛楼样式十分相似。上沿以三道联珠纹为饰，莲瓣光素无纹，内层不饰云朵，排列规整。造像结合了汉藏造像艺术之精髓，造型舒展流畅，形象生动传神，胎壁厚重，雕工精湛。

## 152.大成就者像
Mahasiddha

18世纪　内地

18th Century　China Inland

国内收购

高22.5厘米　重2568克

黄铜鎏金　嵌宝石

| 锑 | 锡 | 银 | 锌 | 铜 | 铁 | 铅 |
|---|---|---|---|---|---|---|
| 0.2 | 0.2 | 0 | 39.7 | 58.7 | 0.3 | 0.9 |

公元8～12世纪是印度密教的兴盛时期。在此期间，印度境内先后共有八十四位因实践和传承佛教密法而获得成就的大师，“大成就者”。他们的形象大多为肩披长发，蓄留胡须，并以各不相同的姿态修行。

造像以经箧束发盘头，发髻卷曲，前饰单骷髅，表其拥有强大的法力，为印度修学密法中著名的八十四位大成就者之一。面相圆润，额部宽广，双眉紧锁，疑神静思。耳饰圆珰，长髯及胸，胸前佩饰瓔珞项链，手、臂、踝佩戴钏镯。上身披僧袍，下身着裙，腰间束带系结。衣纹流畅，衣缘纹饰錾刻精美。手脚刻划高度写实，左手托嘎布拉碗，右手施触地印，跏趺端坐。下承方形卡垫，垫上铺有兽皮，卡垫四周均刻纹饰。此像造型比例协调，铸造工艺精湛，五官刻划清晰，面部表情逼真，生动地塑造了一位道行高深的印度修行者的真实形象。

## 153.米拉日巴像
Milarepa

18世纪　内地

18th Century　China Inland

国内收购

高12厘米　重725克

黄铜鎏金　见肉泥金　局部彩绘

| 锑 | 锡 | 银 | 锌 | 铜 | 铁 | 铅 |
|---|---|---|---|---|---|---|
| 0.1 | 0 | 0 | 33.2 | 61.6 | 0.4 | 4.7 |

米拉日巴造像普遍具有瑜伽行者的自然主义特质，常以右手置耳旁吟唱道歌的形式传法。

造像头微倾，头饰整洁，发丝清晰。面庞丰圆，额际高广，眉清目朗，仪容庄秀。身后长发披肩，暗示着米拉日巴一生未曾出家。身材略显矮胖，肩胸饱满，腰间系带僧祇支，外披袈裟，袒右覆肩。衣纹厚重，纹饰錾刻精美。右手抚鬓掩耳，正以吟唱道歌的形式向弟子传授教法，如意坐姿。双层卡垫一大一小，呈梯形叠摞，纹饰錾刻精美。原封底，封底盖上刻有十字金刚杵图案。造像线条流畅，情致安适祥和，面部表情甜柔，金色饱满悦目。

## 154.骏马财神像
## Jambhala Riding A Horse

18世纪　内地

$18^{th}$ Century　China Inland

国内收购

高13.2厘米　重864克

黄铜鎏金

| 锑 | 锡 | 银 | 锌 | 铜 | 铁 | 铅 |
|---|---|---|---|---|---|---|
| 0.1 | 0 | 8.8 | 19 | 71.3 | 0.1 | 0.7 |

马是草原上不可缺少的工具，蒙古人视马为五畜中的吉祥之物，因为它与蒙古人的兴旺与发达有着紧密联系。因此，在蒙古风格造像中，经常会出现骑马的护法神像。

造像头带扇形帽，面颊丰颐，眉眼细长，直鼻高挺，饰八字须。体貌特征与蒙古人极其相契，右手高举结期克印，左手持物装满珠宝，应是蒙古地区推崇的草原护法，且兼具财性神祇。从此尊护法斜跨于马背的坐姿，可见驾驭者身姿平衡，体态协调优雅。从细节观察，为使扭动的上身更趋平衡，脚蹬斜跨向内使力，这种亦动亦静的造型令人叹为观止。坐骑形体刻划写实，下承山形台座。马首鬃发丝缕整齐，背上袱鞍之下披卡垫，卡垫纹饰刻划流畅。造像民族风味十足。

# 155.骑马关公像
Status of Guan Yu Riding A Horse

18世纪　内地

18th Century　China Inland

纽约苏富比2008年春季拍卖会

高20.5厘米　重2274克

黄铜鎏金　局部彩绘

| 锑 | 锡 | 银 | 锌 | 铜 | 铁 | 铅 |
|---|---|---|---|---|---|---|
| 0.5 | 1.9 | 0 | 19 | 74.7 | 0.9 | 3.0 |

关公一生以忠义勇武，坚贞不二著称于世。其形象被后人逐渐神化，一直是民间祭祀的对象，为佛、道、儒三教崇信，被奉为“武财神”，也是藏传佛教尊崇的护法神之一。

造像头戴盔甲，面庞方阔，剑眉微蹙，目光凝注。五绺长髯飘逸于胸前，姿态威武凛然，气宇轩昂。身着铠甲战袍，外披蟠龙袍，纹饰錾刻精美。帔帛形制宽大，质地厚重，具有强烈的律动感。左手轻捋美髯，右手原持青龙偃月刀，足凳战靴，跨坐赤兔马背之上。骏逸雄健，侧首回应。铠甲纹饰和马饰等细节之处雕刻一丝不苟，袱鞍下的卡垫纹饰同样写实流畅。造像题材美好，金色厚重亮丽，铸造工艺精湛，为清代同类题材中之精品。

缚拳印

地藏王菩萨

手持吐宝鼠

单层覆式莲座下沿凸起三道弦纹
（具有乾隆时期蒙古造像风格）

清代内地造像莲座样式
（具有清代蒙古造像风格）

释迦牟尼

龙尊王佛

释迦牟尼

双层卡垫呈梯形叠摞

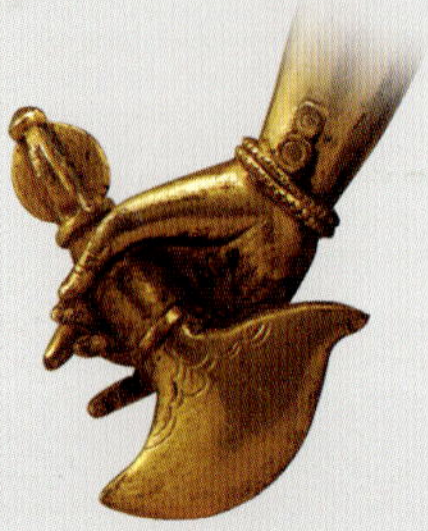
手持钺刀

手托噶布拉碗

单层覆式莲座上沿施三道联珠纹
（与乾隆六品佛楼造像莲座相似）

清代内地造像莲座常见样式
（莲瓣饰卷云纹）

莲花日轮座上蹲卧铜牛

清代内地造像莲座常见样式
（莲瓣光素无纹）

# 参考书目


故宫博物院编：《清宫藏传佛教文物》，紫禁城出版社，1998年。

首都博物馆编：佛教慈悲女神《中国古代观音菩萨》，文物出版社，2008年。

中国国家博物馆、中国文物信息中心编：《佛造像艺术精粹》，中国社会科学出版社，2006年。

鸿禧美术馆编：《聚英雅集》2002年展；《金铜佛造像图录》，鸿禧艺术文教基金会出版，1993年。

中国藏学研究中心、中国社会科学院民族学与人类学研究院编：《藏族文物》，中国藏学出版社，2008年。

金申著：《历代佛像真伪鉴定》，紫禁城出版社，2007年。

金申著：《西藏的寺庙和佛像》，文化艺术出版社，2007年。

罗文华著：《龙袍与袈裟》上、下，紫禁城出版社，2005年。

罗文华著、译：《图像与风格》上、下，故宫博物院编，紫禁城出版社，2002年。

罗文华著、译：《藏传佛教造像》，故宫博物院编，紫禁城出版社，2009年。

黄春和著：《佛像鉴赏》，华文出版社，1997年。

黄春和著：《藏传佛像艺术鉴赏》，华文出版社，2004年。

黄春和著：《汉传佛像时代与风格》，文物出版社，2010年。

金维诺著：《中国藏传佛教雕塑全集》第一卷，彩雕，北京美术摄影出版社，2002年。

杨新、王家鹏著：《中国藏传佛教雕塑全集》第二卷，金铜佛（上），北京美术摄影出版社，2002年。

熊文彬著：《中国藏传佛教雕塑全集》第三卷，金铜佛（下），北京美术摄影出版社，2002年。

张建林著：《中国藏传佛教雕塑全集》第四卷，擦擦，北京美术摄影出版社，2002年。

李翎、廖旸著：《中国藏传佛教雕塑全集》第五卷，石雕，北京美术摄影出版社，2002年。

谢继胜著：《中国藏传佛教雕塑全集》第六卷，木雕，北京美术摄影出版社，2002年。

一西著：《盛放莲花》历代佛像撷珍，文物出版社，2009年。

王家鹏著：故宫博物院藏文物珍品大系《藏传佛教造像》，上海科学技术出版社，2003年。

王家鹏著：《藏传佛教金铜造像图典》，文物出版社，1996年。

路甬祥著：中国传统工艺全集《金属工艺》，大象出版社，2007年。

王辅仁著：《西藏佛教史略》，青海人民出版社，2004年。

廖东凡著：《雪域众神》，中国藏学出版社，2008年。

[德国] 赫尔穆特·吴黎熙著(Helmut Uhlig)：《佛像解说》,社会科学文献出版社, 2010年。

[英国] 罗伯特·比尔著，向红茄译：《藏传佛教象征符号与器物图解》，中国藏学出版社，2007年。

[瑞士] 艾米·海勒著，赵能、廖旸译：《西藏佛教艺术》，文化艺术出版社，2008年。

[瑞士] 乌尔里希·冯·施罗德著(Ulrich Von Schroeder)：Buddhist Sculptures in Tibet I, India & Nepal, II,Tibet & China, Visual Dharma Publications Ltd,Hong Kong,2001.

《印度与西藏的铜造像》Indo-Tibetan Bronzes,Visual Dharma Publications Ltd. -1981.

[瑞士] 乌尔里希·冯·施罗德著,罗文华译，一西主编：《西藏寺庙珍藏佛教造像108尊》，文化艺术出版社，2010年。

Donald Dinwiddie, Heather Stoddard, Ramon N. Prats, Peter Alan Roberts, Cyrus Stearns,Tenzin Dechen Rochard,Portraits of the Masters: Bronze Sculptures of the Tibetan Buddhist Lineages,Serindia Publications, 2003.

Patricia Ann Berger, Terese Tse Bartholomew, James E. Bosson, Heather Stoddard, National Geographic Society, Asian Art Museum of San Francisco, Denver Art Museum (Corporate Author),Mongolia: The Legacy of Chinggis Khan.

Marylin Rhie and Robert Thurman,A Shrine for Tibet: The Alice S. Kandell Collection of Tibetan Sacred Art, Overlook Hardcover,2010.

# 后　记

本书是2012年9月在北京大学赛克勒考古与艺术博物馆举办的“吉金成瑞 宝相庄严——瑞宝阁藏金铜佛像展”的展览图录，也是《鸣鹤清赏》系列丛书的第二本，2010年曾以相同形式刊行了《鸣鹤清赏——鸣鹤雅集会员藏珍》（荣宝斋出版社，2010年）。

对古物的收藏在中国有着悠久的历史。我们从考古发现的材料中可以看到，至迟在商代，已有贵族收藏史前的玉器（可以著名的妇好墓为例），尽管那时的收藏可能和我们今天所说的收藏有所不同。从历史文献来看，真正的收藏之风可能始于宋代，几经起伏至民国时期，形成了独具特色的收藏传统。历代的藏家们不仅尽己所能、所好收存了大量的古代文物，而且由此还产生了一门关于古物研究的学问——金石学。金石学的形成使得奇珍雅玩成为学术研究对象的同时，创立并完善了一套有效的古物著录模式，从宋代的《考古图》（吕大临）、《金石录》（赵明诚）到民国的《三代吉金文存》（罗振玉）、《丛碧书画录》（张伯驹），不同形式和门类的藏品著录不胜枚举。其中的许多著作，依然是我们今天从事研究时不可或缺的重要依凭。金石学的传统对现代中国考古学的形成及其研究取向亦有着不容忽视的影响。我们若能站在一个历史的、公允的立场上来评价的话，以往的收藏家们通过对古物的收藏、研究和著录，在传统文化的保护和传承方面曾产生过极其重要的作用，也有其不可磨灭的贡献。

由于特殊的社会原因，民间的收藏从20世纪50年代开始沉寂或中断了几十年。直至20世纪80年代开始，随着社会的安定和国家的繁荣，百姓生活日渐改善，才又兴起了新一轮的收藏热潮，而其火热之程度可谓空前。但这一轮的收藏热与以往相比有着显著的不同，而其中又以收藏群体的差异为著。过去的收藏者除了皇室之外多是官宦之人或文人学者，而官宦之人往往又多是“学而优则仕”者，所以他们也兼具文人的特质和身份。而今天的收藏家则以新兴的企业家为主。由于两者的出身、学养及所处的社会背景均有不同，所以在一定程度上也导致了其收藏目的和水平的差异。特别是当大批的投资或投机商人涌入之后，导致收藏领域赝品充斥、乱象丛生，更有甚者，在商业利益的驱动之下，埋藏了几千年的文物被肆意盗掘，导致了一场空前的文化遗产大劫难。收藏正在偏离原本应该有的以鉴赏、修身养性乃至证经补史、文化传承为旨趣的正常轨道，而成为文化遗产遭受劫掠的诱因。鉴于中国目前的收藏情势，政府管理部门和学术研究机构都应该采取更积极主动的态度，各尽其能，同心合力，在保证文化遗产得到应有保护的同时，让收藏回归正常。而我们所能做的就是把学术研究引入民间收藏，同时将民间的收藏转化为学术资源，这也是我们编辑《鸣鹤清赏》系列丛书的初衷。

我们希望今后能够有更多的收藏家将其所藏经过认真的整理、研究之后，以不同的形式公诸于世，这对文化之繁荣和学术之研究均大有裨益；

我们也呼吁收藏家们能够秉持其职业操守，拒绝收藏盗掘品；

我们希望并愿意去帮助真正的有文化理想、有社会责任的收藏家去整理他们的藏品，相互学习、共同研究，为文化遗产的保护、研究和传承做出我们应有的贡献。

最后，借此机会对所有帮助过我们的同仁、朋友表示衷心的感谢！

徐天进

2012年8月20日